Ambroise Paré

Des monstres et prodiges

Édition de Michel Jeanneret

Gallimard

PRÉFACE

Il fut un grand médecin, le père de la chirurgie moderne, un homme d'action et un praticien hors pair. Mais le livre que voici nous réserve des surprises. À la place de planches anatomiques, des images abracadabrantes ; au lieu de leçons techniques sur le traitement des blessés, des contes à dormir debout. Paré céderait-il à un moment d'égarement ? Le guerrier prend-il son repos pour s'évader dans un univers de fantasmagories ? Non, car s'il a bien les pieds sur terre, il appartient aussi à un monde plein de croyances saugrenues, le monde de la Renaissance tardive qui traque les sorcières, se laisse fasciner par les sortilèges d'outremer et prête foi, avec une crédulité qui nous stupéfie, à des phénomènes étranges, aux créatures extravagantes d'une nature qui dérape. Préparons-nous à un dépaysement radical et, pour démêler les fils de l'imbroglio, faisons d'abord connaissance avec cet étonnant personnage.

Une force de la nature

Il vient de loin. Un village de la Mayenne où il naît en 1510, une famille modeste, l'éducation rudimentaire d'un petit paysan et bientôt, quand il prend le large, le milieu, fruste lui aussi, des barbiers-chirurgiens. C'est là, dans d'obscures boutiques, entre le savon à barbe, les pansements et les saignées, qu'il s'initie au métier. Il apprend, sur le tas, les gestes qui sauvent et, autodidacte, il restera toute sa vie un esprit indépendant.

Entré dans la carrière au plus bas de l'échelle, il va, laborieusement, se hisser au sommet. Pour pénétrer dans la corporation des médecins, de ceux qui dissertent sur Hippocrate et ordonnent des soins que d'autres appliquent, il faudrait une formation académique et un goût du savoir livresque dont Paré n'a cure. Il restera donc confiné dans la filière des chirurgiens, pour en franchir peu à peu les grades : maître barbier-chirurgien en 1540 puis, grâce à de hautes protections, licencié en chirurgie avant d'être promu maître-chirurgien en 1554. Le voici donc en porte-à-faux entre les humbles barbiers, chargés des basses besognes, et les superbes médecins qui, imbus de leur science, prétendent soumettre le reste de la profession à leur autorité. Mais Paré tolère mal cette subordination, si bien que toute sa vie, il sera en butte à l'hostilité des mandarins.

À la Faculté, qui veut contrôler et isoler la chirurgie, il oppose la dignité d'un savoir essentiel à la médecine et jamais il ne cessera de revendiquer la solidarité du travail de la main et des opérations de l'esprit. Au nom de son expérience au chevet des patients, il récuse le partage artificiel des soins et prétend embrasser tout le champ de la médecine : lésions et affections de toute espèce, traitées par le bistouri s'il y a lieu, mais aussi par les bonnes vieilles méthodes galéniques, la pharmaceutique et la diététique. La publication de ses Œuvres complètes, dès 1575, montre que, loin de se limiter à la technique chirurgicale, il touche à tous les chapitres possibles : l'anatomie, les fièvres et les maladies infectieuses, les poisons, la conception et l'obstétrique...

Comme s'il ne suffisait pas d'empiéter sur le terrain des éminences grises, il les provoque par son usage du français. La langue savante est alors le latin, que Paré, indocile et non conformiste, n'a jamais pris le temps d'apprendre. Sans s'excuser, il écrit en vulgaire et fait de nécessité vertu, puisqu'il partage ainsi son savoir avec un large public. Or ce savoir qu'il évente, ce sont les secrets du métier, normalement réservés à la caste des professionnels, et pire : les secrets du corps, ces choses sales, parfois obscènes, qui choquent les bonnes mœurs. Si Paré (comme on le verra dans la suite) ne pèche pas par excès de pudeur, la Faculté, elle, s'effarouche, le traite d'« impudentissimus, imperitissimus, maxime temerarius » (« complètement impudent, ignorant et totalement irréfléchi ») et tente à plusieurs reprises d'empêcher la publication de livres à tous égards déplacés.

Âgé d'une vingtaine d'années, Paré débarque à Paris et bientôt se retrouve apprenti chirurgien à

l'Hôtel-Dieu, le rendez-vous de toutes les souffrances, un tohu-bohu populeux, pouilleux et puant
qui, pendant trois ans, lui offre un terrain d'observation et un atelier d'expérimentation exceptionnel.
Homme à tout faire, il est confronté à toutes les
maladies, tous les accidents possibles — la peste,
entre autres, qui sévit dans Paris. Il a sous la main
suffisamment de patients pour s'initier à la pano-
plie des soins, et suffisamment de cadavres pour
apprendre l'anatomie. Cette rude école, dans le sang
et la sanie, vaut bien tous les livres ; elle révèle ses
dons et confirme sa vocation.

Mais c'est sur une autre scène qu'il va désormais
se distinguer. Pendant plus de trente ans, à partir de
1537, il sera appelé à pratiquer la chirurgie d'ur-
gence dans les armées royales. Il est envoyé sur
deux fronts : mobilisé d'abord dans les combats qui
opposent François I*er* et Henri II à Charles-Quint,
puis plongé dans la guerre civile, avec les conflits
religieux. Les campagnes s'enchaînent, qui exposent
Paré à l'horreur des champs de bataille ; brutalité
des mêlées et des tueries, agonie des villes assiégées
et affamées, hôpitaux de fortune, opérations risquées
dans des conditions sanitaires désastreuses…, il
aura tout vu et c'est un miracle qu'il en ait réchappé.

La chirurgie de guerre est un rude métier, mais
elle permet aussi à un homme de condition modeste
de gravir l'échelle sociale. Paré acquiert une telle
réputation, les sauvetages qu'il opère sont si impres-
sionnants que les Grands se l'arrachent. Les seigneurs l'emmènent dans leur suite ou l'appellent
quand ils sont blessés : privilège risqué, mais on ne
se dérobe pas au service des princes.

Quels que soient les patients — Paré se vante de soigner la piétaille autant que les chefs —, il doit traiter toutes les lésions possibles et imaginables, s'adapter et, souvent, innover. S'il s'impose comme un grand novateur en traumatologie militaire, c'est qu'il doit faire face au défi d'une invention diabolique : les armes à feu qui déchirent, fracturent, disloquent, mutilent et sèment la mort à une échelle inconnue jusque-là. Perfectionnée, l'artillerie bouleverse les règles du combat et exige des médecins des traitements inédits. Les arquebuses, surtout, qui font des dégâts à travers les chairs et les os, conduisent Paré à quelques-unes de ses meilleures trouvailles : des appareils pour extraire les balles, les flèches ou pour redresser les fractures, des médications pour enrayer les infections, pour favoriser la cicatrisation, des prothèses... Mais ce sont les amputations, fréquentes, qui lui fournissent l'occasion de sa découverte la plus influente : au lieu de cautériser la plaie à l'huile bouillante ou au fer rouge pour éviter l'hémorragie, il invente la ligature des vaisseaux, épargnant au blessé d'atroces douleurs.

Des trêves lui permettent, çà et là, de retourner à Paris, où l'attend une nombreuse famille. Animé d'un formidable appétit vital, il en fondera même deux : quand meurt sa première femme, il en épouse une toute jeune — il a 63 ans, elle en a 18. Prolifique, pléthorique, il aura eu dix enfants. Les uns disparaissent en bas âge, d'autres survivent, tout comme les blessés arrachés à la mort compensent la perte de ceux que le bon docteur n'a pu sauver. Et la vie continue, dont Paré est l'infatigable serviteur.

Paris, d'ailleurs, ne lui laisse aucun loisir. Nobles,

*bourgeois aisés, classes modestes, tous lui recon-
naissent un talent exceptionnel, tous recherchent
ses soins. La Cour aussi fait appel à lui : chirurgien
ordinaire puis, dès 1562, premier chirurgien du roi,
il aura servi et connu de près quatre souverains,
d'Henri II à Henri III, en passant par François II
et Charles IX. S'il prend part, dans les allées du
pouvoir, à quelques événements sensationnels — la
mort d'Henri II blessé dans un tournoi, le massacre
de la Saint-Barthélemy auquel il échappe de peu —,
il connaît aussi la routine d'un médecin ordinaire,
confronté aux maux de l'époque — les épidémies
comme la peste et la petite vérole, la syphilis, les
empoisonnements, la gangrène, les infections de
toutes sortes — et habitué aux gestes d'usage : saignées, pansements, incisions, extractions, sutures,
réduction des fractures... Admiré, influent, il jouit
d'un prestige qui rejaillit sur la chirurgie elle-même,
sortie, grâce à lui, de son ghetto.*

*Plongé dans l'actualité, immergé dans la vie quo-
tidienne des Grands et des moins grands, Paré a été,
pendant plus de cinquante ans, un acteur et un
témoin de cette Renaissance française dont il aura
connu les splendeurs mais aussi les misères. Il a
laissé de brefs récits autobiographiques dans lesquels il raconte les tribulations d'un chirurgien en
campagne, les fortunes et les revers de ses traitements : un chapelet d'anecdotes pittoresques qui
révèlent son talent de communicateur. Mais son
travail d'écrivain porte avant tout sur les multiples
traités savants qui disséminent ses connaissances,
ses trouvailles, ses convictions de praticien. Si abon-
dante est sa production et si nombreux sont ses lec-*

teurs que, dès 1575, il publie ses *Œuvres complètes*, un gros volume in-folio d'un millier de pages, richement illustré, qu'il réédite, revu et augmenté, à plusieurs reprises. La consécration, au grand dam de ses rivaux de la Faculté, viendra d'une traduction latine (1582), qui établit définitivement son autorité.

Il meurt en 1590, âgé, honoré, comme un sage qui a su échapper à la fureur, à la haine et à la violence qui déchirent alors la France. Les mandarins le détestaient, il a réussi à déjouer leur hostilité. La vie de cour était minée de rivalités et d'intrigues, il a su tirer son épingle du jeu. Les catholiques et les protestants s'entre-tuaient, il a fui les querelles partisanes. Singulière liberté : il a des sympathies pour les huguenots, il cite la Bible comme on le fait à Genève, il soigne Coligny le jour même de la Saint-Barthélemy, à tel point qu'on l'a longtemps pris pour un réformé et, pourtant, frayant avec les chefs du parti adverse, il vit et meurt en bon catholique. Dissimule-t-il ses opinions pour se soustraire aux persécutions ? Il faut reconnaître plutôt, chez cet homme foncièrement pieux et tolérant, la volonté d'échapper au fanatisme ambiant. Sa religion, ce fut, avec l'amour de Dieu, celui de son prochain. Il met son savoir-faire, ses découvertes, son labeur acharné au service des blessés et des malades, il conçoit la médecine comme un instrument que le Seigneur a mis entre les mains des hommes pour atténuer les souffrances. « Je le pansai, Dieu le guérit », dit-il de l'un de ses patients. Dans cette alliance de la foi, de la science et du souci de l'autre

réside l'esprit même de l'humanisme. Pieuse légende ?
Peut-être, mais la belle histoire !

Des causes aux choses

Ouvrons le livre. Nous autres, esprits cartésiens,
sommes accueillis en douceur par un préambule
qui s'attache à préciser quelques points de méthode.
D'abord des définitions. Ces monstres et prodiges
qu'annonce le titre, Paré les présente comme des
phénomènes naturels extraordinaires, la différence
étant que les seconds sont encore plus rares et sin-
guliers que les premiers. Par souci de clarté, il pro-
pose, de ces deux degrés de l'insolite, quelques
exemples, pour revendiquer ensuite l'autorité de
plusieurs sources prestigieuses. Pareille volonté
d'ordre et de rigueur se confirme dans le premier
chapitre qui, déclinant treize causes possibles de ces
incongruités, annonce en même temps l'architec-
ture du traité. Tout se passe comme si l'auteur, au
moment de pénétrer dans un univers troublant, vou-
lait nous rassurer en mobilisant, pour son enquête,
les lumières de la raison.

À la recherche d'explications, Paré désigne d'abord
deux origines possibles qui, surnaturelles, nous
renvoient à une croyance vieille comme le monde :
monstrum monstrat, *disaient les Anciens, « le*
monstre montre quelque chose ». Porteur de mes-
sages venus d'en haut, il relève de l'art de la divina-
tion ; c'est un signe qui doit être interprété. Il peut
témoigner, dit Paré, de « la gloire de Dieu » (p. 46) :
entendons par là que les singularités et les appa-
rentes anomalies illustrent l'inépuisable inventivité

*du Créateur et l'admirable variété de ses œuvres ;
l'insolite bouscule l'édifice des connaissances et
nous invite à reconnaître que l'ouvrage du Seigneur
est encore plus fastueux que nous ne pensions.
Mais les signes, incertains, ont aussi leur versant
maléfique, soulevant la répulsion ou l'anxiété. Et
voici la deuxième cause avancée par Paré : les
monstres peuvent avoir été envoyés par Dieu comme
des prodiges menaçants, soit qu'ils annoncent une
catastrophe, soit qu'ils incarnent tel péché et nous
renvoient l'image de notre misère morale. Un être
difforme, un accident naturel passent alors pour
l'augure funeste d'un châtiment divin.*

*Il règne une telle inquiétude sur la France de
l'époque, plongée dans la guerre civile, que cette
lecture du monstre comme présage, surtout dans
son versant pessimiste, est commune. Les prophètes
de malheur abondent ; la misère, la violence, la fièvre
religieuse entretiennent un climat d'Apocalypse. Les
faits divers, grossis, distordus, sont déchiffrés comme
manifestations de la colère divine, ou comme
annonces du règne de Satan, venu semer la terreur
parmi les hommes. Bien loin de s'affranchir des
ténèbres du Moyen Âge, la Renaissance de la seconde
moitié du XVIe siècle, sous l'effet de la crise, cultive
les superstitions et les peurs les plus folles. C'est
l'époque culminante des procès de sorcellerie ; les
cas de possession, la pratique de la magie noire,
les spéculations sur la démonologie mobilisent les
meilleurs esprits. Jamais peut-être l'éventail des
sciences occultes n'aura été, en France, si varié ni si
étroitement mêlé à la vie quotidienne. Une abon-
dante littérature tératologique exploite ces délires*

*collectifs ; on verra comment Paré s'en sert, tout en
la détournant.*

*Mais le médecin va bientôt prendre le dessus :
toutes les causes suivantes, dans le tableau étiolo-
gique du chapitre I, sont naturelles. Les puissances
transcendantes cèdent le pas à des facteurs imma-
nents, qu'ils soient physiologiques, comme l'excès
de semence, l'étroitesse de la matrice..., ou psy-
chologiques, comme les fantasmes de la mère qui
affectent la formation du fœtus. Ce brusque décro-
chage est le symptôme d'une mutation épistémologique dont nous reparlerons : l'avènement de la
science moderne, qui s'émancipe de la théologie au
profit de méthodes empiriques et d'hypothèses profanes.*

*Il va pourtant falloir se raviser : le beau pro-
gramme initial, fondé sur des définitions, des dis-
tinctions, des classements, ne sera pas tenu ! La
bipartition monstre/prodige (d'ailleurs parasitée, dès
la Préface, par une troisième catégorie, les mutilés)
se perd très vite en route. Et l'identification des
causes, qui devait structurer l'exposé, subira le même
sort. Une fois dépassé le premier tiers de l'ouvrage,
on s'avise que la diversité des phénomènes insolites
et la multiplicité des explications possibles sub-
mergent la taxinomie posée au départ. Il suffit de
confronter la liste des treize causes énumérées au
seuil du traité et la table des matières effective pour
constater qu'une bonne moitié du livre parle de
monstres, certes, mais sans leur assigner de raison
précise.*

*Cette difficulté de ramener la prolifération des
singularités à un ensemble de déterminations limité*

est reconnue d'emblée. Le chapitre III s'ouvre sur un aveu qui, déjà, remet tout en question : « Il y a d'autres créatures qui nous étonnent doublement, parce qu'elles ne procèdent des causes susdites, mais d'une confusion d'étranges espèces » (p. 47). Nous voilà avertis : il existe des monstres qui échappent à la catégorisation. On peut conjecturer des relations de cause à effet, on a besoin de règles, mais ces règles ne couvrent pas la totalité des cas, de sorte que souvent Paré hésite sur l'origine — et donc sur la classe appropriée — de tel phénomène. Dans le texte adopté ici — l'édition de 1585 —, le monstre de Ravenne, par exemple, est donné comme un signe de la colère de Dieu (chap. III) mais, dans les versions précédentes, il était rattaché au groupe des hermaphrodites et illustrait le résultat, dans la procréation, d'une quantité égale de semence féminine et masculine. Ou cet autre exemple : un chapitre explique que les incubes (qui abusent d'une femme pendant son sommeil) sont suscités par Satan (chap. XXVIII) — c'est la thèse des théologiens —, un autre, qu'ils procèdent d'une cause purement médicale, la suffocation (chap. XXXII), et Paré ne tranche pas. Il ne saurait choisir, car deux causes peuvent agir simultanément, différentes raisons peuvent se combiner. Des enfants naissent monstrueux parce qu'ils ont été engendrés pendant les règles de la mère : l'explication est religieuse, puisque Dieu interdit l'amour avec une femme souillée, mais elle est aussi physiologique, puisque l'embryon nourri du sang vicié des menstrues développe une anomalie (chap. III). Paré reconnaît le cumul, quitte à brouiller son classement.

*Au départ, une volonté d'ordre, à l'arrivée, le
constat du désordre. Pour quelques cas réductibles
à une causalité mécanique (« Si la quantité de
semence [...] manque, pareillement quelque membre
défaudra aussi », chap. VIII, p. 82), combien d'autres
se dérobent à toute explication ! Après avoir
énuméré des processus de transmission héréditaire
quasi automatique (« Les camus font leurs enfants
camus [...], les goutteux engendrent leurs enfants
goutteux », chap. XIII, p. 98-99), Paré ajoute : « Toutefois de ce ne faut faire règle certaine : car nous
voyons les pères et mères avoir toutes ces indispositions, et néanmoins les enfants n'en retiennent
rien » (chap. XIII, p. 99) — et voilà cassé un système
physiologique simple au profit de ce qui est peut-
être, ici, le hasard. Dans le même sens, Paré relève
aussi des évolutions imprévisibles, qui défient toute
règle et choquent le sens commun : « une fille avala
une aiguille, laquelle deux ans après la jeta en
urinant » (chap. XIV, p. 101). Ce monde-là ne
connaît pas la stabilité de lois fixes, il ne se laisse
pas immobiliser dans un enchaînement déterminé
de relations nécessaires. Il y a tant de forces au
travail, dans ce réseau inextricable, tant d'influences,
matérielles ou immatérielles, qui interfèrent, tant
d'agents possibles qui, souvent occultes, peuvent
entraîner tant d'effets imprévisibles, que la raison
ordonnatrice finit par capituler. Cet univers erra-
tique est comme un laboratoire où s'inventent des
formes inédites, il opère comme le foyer d'une création continue qui s'essaie à d'innombrables configurations. Le figer dans un cadre invariable, ce
serait dénier à Dieu la liberté de relancer et enrichir*

constamment l'œuvre en cours. *Galilée n'est pas
encore passé par là*, qui montrera, par observations,
raisonnements et calculs, que la nature obéit à un
ensemble de phénomènes mesurables, régis par des
lois. La science la réduira bientôt à une mécanique,
elle la débitera en une série de mouvements que
l'esprit peut comprendre et, le cas échéant, exploiter.
Telle que la conçoivent les hommes de la Renaissance et, parmi eux, Paré, elle n'est pas encore ce
système dont la révolution mécaniste du XVIIe siècle
analysera les propriétés ; c'est une natura naturans,
une puissance animée et animante, dont nul ne
peut circonscrire l'étendue ni les pouvoirs.

« *Pourquoi sont faits ceux qui n'ont qu'un seul
œil au milieu du front, ou le nombril, ou une corne
à la tête, ou le foie sens dessus dessous* » ? (voir
p. 246). La question reste sans réponse. La nature et
ses œuvres nous obligent à un aveu d'ignorance et
les monstres en viennent à symboliser tout ce qui,
dans la création, dépasse notre entendement : « *Il
y a des choses divines, cachées et admirables aux
monstres, principalement à ceux qui adviennent
[...] contre nature : car à iceux les principes de
Philosophie faillent* [échouent], *partant on n'y
peut asseoir certain jugement* » (chap. XIX, p. 123).
Notre intelligence fait défaut, et nulle part autant
que dans le domaine investi par le diable et ses
ministres. Un enchevêtrement de forces occultes,
d'influences malignes, de fantasmagories et de mirages
auquel Paré consacre une dizaine de chapitres, tout
en reconnaissant qu'il n'y comprend rien : « *Les
actions de Satan sont supernaturelles et incompréhensibles, passant l'esprit humain, n'en pouvant*

*rendre raison non plus que de l'aimant qui attire le
fer [...]. Et ne se faut opiniâtrer contre la vérité, quand
on voit les effets, et qu'on ne sait la cause » (chap. XXVI,
p. 145-146). Le Malin déjoue nos investigations,
mais les voies du Seigneur ne sont pas plus lisibles.
Certains prodiges sont si déroutants, comme le feu
qui sort de la mer, qu'il faut bien reconnaître qu'« en
cela Dieu se montre incompréhensible comme en
toutes ses œuvres » (chap. XXXVIII, p. 235).*

*À mesure qu'on avance dans la lecture, les tenta-
tives d'explication se font de plus en plus rares. Les
chapitres se déploient comme des collections de
cas : des histoires, des images qui n'ont pas d'autre
but que d'illustrer l'infinie diversité d'un monde
dont la logique nous échappe. À la spéculation étio-
logique succède une phénoménologie, et la narra-
tion, la description, l'étonnement prennent le relais.
Le spectacle des choses fait oublier la recherche des
causes.*

L'étrange et le curieux

*Une autre piste tourne court. Les monstres, on l'a
dit, sont alors perçus comme des signes que maints
contemporains, imbus de divination, se plaisent à
déchiffrer. Si Paré avance çà et là quelques hypothèses interprétatives. Il se garde en général de jouer
les prophètes. Que d'autres moralisent, allégorisent,
brandissent des menaces et saisissent le prétexte
d'un événement insolite pour exercer la terreur ! Il
est quant à lui trop respectueux du divin pour pré-
tendre percer les secrets de la Providence ou démêler
les manigances du Malin. Partout latentes, la pers-*

pective sémiologique et la démarche herméneutique sont rarement abordées de front. Ici encore, l'observation et le relevé des faits se suffisent à eux-mêmes.

Ce qui relevait jusqu'ici du religieux se trouve ainsi ramené sur terre, naturalisé, sécularisé, versé dans l'ordre du biologique, du physiologique, ou traité comme un accident dénué de toute signification. Ce désenchantement des monstres anticipe la révolution scientifique qui mobilisera les générations suivantes, de Galilée à Newton. On verra peu à peu la physique se détacher de la métaphysique pour faire l'objet de recherches affranchies des dogmes, des croyances et des traditions. Soustraite à la souveraineté de l'Église, libérée de l'autorité des Anciens, l'étude de la nature se rabattra sur la méthode expérimentale, mettra au point l'explication mathématique des phénomènes et, ayant conquis son autonomie, ira jusqu'à défendre des théories contraires aux articles de la foi. La science moderne était née, libre de chercher sa vérité en dehors de la théologie et de l'idéologie.

Situé à ce point de bascule, Paré se trouve dans une sorte de vide épistémologique. Le monde n'est plus pour lui une forêt de symboles, et les monstres, dépourvus de leur aura surnaturelle, suscitent en lui des réflexes de médecin plutôt que les élucubrations d'un mage ou d'un moraliste. Mais il ne conçoit pas encore que la création puisse fonctionner comme une machine sans signification ni finalité, pas plus qu'il ne dispose des instruments pour étudier les phénomènes avec les seules lumières de la raison.

Cet espace vacant, indéterminé et trouble, est

rempli par l'étrange. La notion, utilisée à maintes reprises, désigne un vaste territoire, dans l'ordre de la connaissance, peuplé d'énigmes irrésolues. L'étrange est ce qui est étranger à nos catégories mentales, à la fois tout proche, indéniable, et irréductible, inassimilable ; ce qui s'observe, mais résiste à l'analyse et, ne se laissant ni classer ni élucider, oblige à dire : « Véritablement, quant à moi, j'y perds mon esprit » (chap. XXXVI, p. 220).

Bien loin, pourtant, de s'en détourner, Paré se présente comme un amateur d'étrangetés, un curieux et un collectionneur de curiosités. Si, à la fin de son traité, il va chercher des singularités dans les terres du Nouveau Monde, il trouve largement, dans l'environnement immédiat, de quoi satisfaire son appétit de bizarreries. Un peu partout sur son chemin, à la ville et à la campagne, dans l'espèce humaine et dans le règne animal, sur terre, dans l'air et sous l'eau, des raretés s'offrent à lui, qu'il se plaît à enregistrer et à publier. Sa curiosité était connue. Le roi Charles IX possédait trois autruches — monstres hybrides, mi-quadrupèdes mi-volatiles, et qui, de surcroît, « digère[nt] indifféremment toutes choses » ; l'une d'elles vient-elle à mourir, on en remet le cadavre à Paré, qui en conserve le squelette, longuement décrit (chap. XXXV, p. 207). Lorsqu'un toucan, « fort monstrueux et difforme, en tant qu'il a le bec plus gros et plus long que tout le reste du corps », meurt à son tour, dans la ménagerie royale, il est confié au chirurgien, « pour l'anatomiser et embaumer, afin de le mieux conserver » (chap. XXXV, p. 211-212). Des médecins, sensibles eux aussi à la curiosité de leur confrère, lui remettent volontiers des spécimens exceptionnels, comme ces enfants siamois « n'ayant qu'une tête, lesquels s'entre-embrassaient ; et me furent donnés secs et anatomisés par maître René Ciret, maître Barbier et Chirurgien » (chap. IV, p. 59).

Une nouvelle mode se répand à travers l'Europe, en cette fin du XVIᵉ siècle : les cabinets de curiosités, ancêtres de nos musées, dans lesquels des savants, des nobles, de riches bourgeois amassent, au hasard des découvertes, des objets rares et surprenants. Les merveilles qu'assemblent les collectionneurs peuvent être naturelles — animaux empaillés, végétaux ou insectes séchés, squelettes, pierres précieuses, fossiles... — ou témoigner du génie de l'industrie humaine — œuvres d'art, prodiges d'artisanat, objets exotiques, vestiges de l'Antiquité... Tout paraît bon, qui contribue à élargir les frontières du monde familier et à verser du nouveau dans l'encyclopédie des connaissances.

Plusieurs fois dans son livre, notre amateur évoque sa propre collection de curiosités. Des chirurgiens ont extrait du corps d'un patient une pierre, dans laquelle ils ont trouvé, à la surprise générale, une aiguille de couturier ; ils me l'ont donnée, raconte Paré, « pour mettre en mon Cabinet, laquelle je garde, et ai encore de présent en ma possession, pour mémoire de chose si monstrueuse » (chap. XV, p. 102). D'autres calculs, étranges par leur forme, leur substance, leur position dans l'organisme, voisinent avec d'autres aberrations physiologiques, comme le fœtus d'un « enfant ayant deux têtes, deux bras et quatre jambes, lequel j'ouvris, et n'y trouvai qu'un cœur » (chap. IV, p. 58). Ces curio-

sités-là sont du ressort du médecin. D'autres répondent à la volonté d'ouvrir l'horizon aux trouvailles importées d'outremer. Ainsi la série d'animaux exotiques, dont les anatomies dérangent les classements reçus : un caméléon africain, doué de propriétés merveilleuses (chap. XXXVI, p. 220-221), un oiseau de paradis qui, sans pieds, ne se pose jamais et se nourrit, dit-on, d'air et de rosée (chap. XXXV, p. 213), un poisson volant, une corne de poisson-scie et, retenue pour sa taille extravagante, la vertèbre d'une baleine que Paré lui-même a rapportée de Biarritz (chap. XXXIV, p. 203).

Ce goût de l'étrange doublé d'un instinct de collectionneur trouve surtout à s'exprimer dans le livre illustré que nous avons entre les mains. *Des monstres et prodiges* pourrait être le catalogue d'un cabinet de curiosités virtuel qui, dans sa quête de raretés, ne connaîtrait aucune restriction. Feuilleter cette galerie d'images, c'est comme parcourir un musée d'histoire naturelle qui, hétérogène et bariolé, exposerait l'inépuisable variété des êtres et des choses. Le monde de Paré est sans doute cantonné dans un espace clos (l'intuition de l'univers infini germera parmi les générations suivantes), mais il grouille d'êtres et de phénomènes qui, du plus banal au plus saugrenu, défient l'inventaire et, dans les limites du fini, inscrivent l'infini.

La fabrique du livre

Attentif à l'histoire des monstres et à leur anatomie, prodigue en détails, Paré est un conteur habile, qui déploie ses découvertes en alignant des descrip-

tions pittoresques, des anecdotes bizarres, des récits aussi précis qu'ahurissants. Il donne la mesure de son talent, par exemple, lorsqu'il prend le temps de camper des figures de gueux travestis en infirmes, qu'il raconte leurs simagrées et dénonce leurs stratagèmes (chap. xx-xxiv). Il nous entraîne dans une cour des miracles, donne à voir des corps difformes, puants et purulents, pour nous entraîner ensuite derrière les décors et, dans des scènes scabreuses, dépouiller les imposteurs de leurs frauduleux oripeaux. Le Grand Guignol ne ferait pas mieux.

Ces tableaux burlesques sont d'autant plus appropriés qu'ils figurent dans des chapitres qui ne sont pas illustrés. Ailleurs, nous sommes happés dans un livre d'images : soixante-dix-sept gravures sur bois, simples, précises, si frappantes qu'elles assurent à l'ouvrage un impact exceptionnel. Bon nombre d'entre elles, surtout dans les chapitres finaux, ont été prélevées sans scrupules dans d'autres traités — répertoires d'histoire naturelle, récits de voyage — et plus elles sont spectaculaires, mieux cela vaut. Quelques-unes, comme les pierres du chapitre xv, reproduisent des objets que le dessinateur a pu voir. D'autres enfin, surtout vers le début, construisent de hasardeuses représentations à partir des relations écrites. Redoublant le texte, elles n'ont aucune valeur documentaire et prouvent seulement que Paré a voulu exploiter la puissance de l'image, que ce soit pour obtenir la plus forte impression possible ou pour assister la mémoire, quitte à déclasser la lecture au profit du spectacle, comme souvent dans les livres illustrés.

Le chapitre ix rapporte une ancienne théorie selon

*laquelle une image vue par la mère au moment de
la conception ou de la gestation peut s'imprimer
sur le fœtus : une femme blanche accouche d'un
bébé noir pour avoir regardé le portrait d'un Africain pendant sa grossesse. Une empreinte se grave
dans l'imagination puis, par ce canal, contamine le
corps et affecte toute la personne. Les illustrations
de Paré n'ont peut-être pas une efficacité aussi radi-
cale, mais beaucoup frappent fort : anatomies aberrantes, sexualité ambiguë, croisement de l'homme
et de l'animal, difformités et dépravations de toute
sorte... Ces vignettes réveillent toute sorte de fantasmes et exhibent ce que censure la raison ou la
pudeur.*

*Si les monstres humains du début peuvent ins-
pirer la répulsion, les animaux fabuleux de la fin
— terrestres, volatiles et marins — penchent plutôt
vers la grâce et le sortilège, comme s'ils sortaient
d'un conte de fées. À la brutalité crue, schématique
et médicale des premiers répondent des scènes
attrayantes et des décors exotiques qui divertissent
et dépaysent plus qu'ils n'instruisent. Au total, une
étonnante galerie qui, du morbide au merveilleux,
de l'aversion à la séduction, ouvre larges les chemins
de l'évasion.*

*Dans la France tourmentée des guerres de reli-
gion, le marché du rêve fait recette. Des presses
des imprimeurs sortent des histoires faramineuses,
parfois doublées d'images, où voisinent l'inquié-
tant, le bizarre et l'exorbitant. Les colporteurs vendent
des feuilles volantes — des canards — qui relatent
des faits divers sensationnels ou dérangeants, les
produits venimeux de la rumeur. Les livres de*

zoologie et de géographie, généreusement illustrés, donnent crédit, de leur côté, à des phénomènes aberrants, tandis que se répand le genre des histoires prodigieuses. *Sous ce titre paraît un assortiment d'anecdotes fantasmagoriques recueillies par Pierre Boaistuau (1560) et vouées à un vaste succès — rééditions, continuations, traductions. On entre dans ce bazar et on découvre, données pour vraies, des nouvelles stupéfiantes : les ruses des démons et les scandales de la sorcellerie, des enfantements monstrueux, des morts abominables et des amours inouïes, des catastrophes naturelles et des désordres dans le ciel... Paré fut un lecteur avide de ces chroniques de l'étrange et, entraîné par l'air du temps, il en fait grand usage.*

Il lit beaucoup, et il emprunte beaucoup, à tel point qu'une majeure partie de son livre copie d'autres livres, souvent littéralement ; de nombreuses illustrations sont elles aussi piratées, on l'a dit. Auteurs anciens et modernes, païens et chrétiens, Paré se sert où bon lui semble, avec une préférence pour les ouvrages qu'il peut lire en français. Qu'il s'agisse des récits de cas ou de leur escorte théorique, le catalogue de ses sources serait long — on se rapportera sur ce point à l'édition de Jean Céard, dont l'immense érudition permet d'identifier l'origine de très nombreux passages. Paré puise abondamment dans les collections d'histoires prodigieuses comme celles de Conrad Lycosthènes, de Boaistuau et de Claude de Tesserant, son continuateur. Sur les démons et leurs diableries, il fait son choix chez les experts comme Jean Wier, Ludwig Lavater, Jean Bodin. Pour les singularités du règne animal, il se

tourne vers les répertoires spécialisés de Gesner,
Rondelet, Belon. Guillaume Thevet et Jean de Léry
lui donnent accès aux curiosités des antipodes,
Jérôme Cardan lui fournit une moisson de bizarre-
ries… et la liste n'est pas close.

    Il cite volontiers ses sources, mais il oublie aussi
de signaler beaucoup d'emprunts. Faut-il s'indigner
et crier au pillage ? La pratique est alors courante.
Avant la reconnaissance des droits d'auteur et l'in-
vention des guillemets, les mêmes matériaux, de
deuxième ou de énième main, circulent d'un livre à
l'autre, tantôt rattachés à une origine précise, tantôt
traités comme un bien commun, anonymes et recy-
clables à volonté. Quantité de traités savants sont
des compilations, des collections de pièces déta-
chables qui, appartenant à tout le monde et à per-
sonne, passent aisément d'un contexte à un autre.
Cette structure modulaire est celle des sources de
Paré et celle qu'il adopte lui-même dans la plupart
de ses chapitres : un montage d'anecdotes ou de
cas, une banque de données qui, provisoirement
rassemblées, transitent ici avant d'être redistribuées
ailleurs.

Le possible

    La documentation de Paré ne se limite pas aux
sources livresques. Elle embrasse des éléments empi-
riques, ou supposés tels, qui eux-mêmes se subdi-
visent en deux catégories : les témoignages indirects
— des singularités rapportées par des proches — et
les constatations personnelles. « J'ai lu, j'ai entendu,
j'ai vu » : les méthodes changent, mais toutes visent

à authentifier l'information, jusqu'à fournir, quand c'est possible, la date et le lieu de l'observation : « et fut trouvé le quinzième jour du mois de Mars dernier passé 1569, chez un Avocat nommé Baucheron, à Authun en Bourgogne, par une chambrière qui cassait des œufs pour les mettre au beurre » (chap. IV, p. 57-58).

Cette servante qui préparait une omelette, qu'a-t-elle donc trouvé dans un œuf ? Un monstre « ayant la face et visage d'un homme, tous les cheveux de petits serpenteaux tous vifs et la barbe à la mode et façon de trois serpents qui lui sortaient hors du menton » (ibid.). D'un côté, des circonstances précises et vraisemblables, de l'autre, un conte à dormir debout. On s'étonne aussi, un peu plus loin, que « monsieur Hautin, Docteur Régent en la faculté de Médecine à Paris » ait vu naître « l'an 1562, premier jour de Novembre, [...] à Villefranche de Beyran en Gascogne », un « monstre sans tête » (chap. VIII, p. 84), avec illustration à l'appui. Paré se moque-t-il de nous ? Et devrions-nous, en retour, nous moquer de sa crédulité ? Il vaut mieux tenter de comprendre des mécanismes intellectuels si étrangers à nos réflexes critiques.

Les dérives de la rumeur jouent un rôle. Un événement insolite se produit qui, déformé par des intermédiaires en quête de sensationnel, peut-être certifié par un médecin soucieux de notoriété, grossit, se corse et se trouve, en fin de parcours, paré des troubles attraits du monstrueux. Vienne encore l'écrit relayer l'oral, vienne un graveur donner forme à ce qu'il n'a jamais vu, et voilà une chimère promue au rang de vérité expérimentale ! Le respect des

*sources savantes aboutit au même résultat : ce que
les détenteurs de l'autorité, les Anciens, tous les
maîtres légitimés par la tradition ont affirmé peut
être tenu pour vrai et être cru. Les différents modes
de témoignage sont crédités d'une valeur égale, si
bien que choses lues, choses entendues, choses vues
méritent toutes d'être recueillies et transmises.*

*L'esprit critique de Paré, ailleurs vigilant, est ici
en veilleuse. Il ne s'est pourtant pas privé, dans ses
traités de médecine, de dénoncer les charlataneries
de la pharmacopée populaire : la poudre de la chair
de momie qui coagulerait le sang, la corne de licorne
qui guérirait des infections et empoisonnements...
Occupé à sauver des vies, il se doit de démystifier
impostures et superstitions. Mais son propos, ici,
est tout autre : il donne congé à l'exigence de vérité
et de vérification pour pousser son exploration vers
le territoire des choses possibles. Les naturalistes à
qui il a emprunté sa documentation sur les monstres
marins (chap. xxxiv) — tritons, sirènes, cheval de
mer, truie marine... — avaient exprimé pourtant,
sur les cas les plus invraisemblables, des doutes ou
des critiques ; dans sa quête de merveilles, Paré
ignore tranquillement leurs réserves. Cette sus-
pension du jugement est particulièrement sensible
dans l'enquête sur les démons et la sorcellerie
(chap. xxv-xxxiii). Au moment où, dans les chau-
mières comme devant les tribunaux, la hantise du
Diable et des possessions sataniques fait rage,
quelques esprits éclairés, parmi lesquels Montaigne,
gardent leur sang-froid et prennent leurs distances
face au délire ambiant. Paré n'est pas de ceux-là.
S'il lui arrive exceptionnellement d'avouer sa per-*

*plexité ou de dénoncer quelques « superstitieuses
sornettes » (chap. XXXI, p. 168), il fait place, en de
longues pages hallucinantes, aux diableries les plus
folles. Tout ce qu'il y a au monde de fantasmagories
sataniques se déchaîne : des animaux parlent, des
objets inertes s'animent ; des visions, des apparitions
sèment l'effroi ; des montagnes se déplacent, des
châteaux s'envolent, des démons s'accouplent avec
des humains, d'autres frappent les hommes d'impuissance... Le Malin subvertit les lois physiques et
précipite le monde dans un capharnaüm cauche-
mardesque. Invraisemblable ? Dès lors que les « Docteurs et expositeurs tant vieux que modernes » l'ont
dit, il « n'en faut douter » (chap. XXV, p. 140).*

*Au lieu d'exclure, Paré veut donc faire place à ce
qui, même incertain, pourrait exister. Cette posture
d'accueil répond aussi à une nécessité théologique :
la conviction qu'à Dieu rien n'est impossible et que
douter, ce serait l'enfermer dans les bornes étroites
de l'esprit humain. La création est un processus
continu, si bien que des phénomènes inédits, des
configurations inconnues peuvent surgir à tout
instant. Les monstres trouvent naturellement leur
place dans un monde qui ne connaît pas de limites.
Paré aurait souscrit à la parole de Montaigne, reprise
de saint Augustin : « Ce que nous appelons monstres
ne le sont pas à Dieu, qui voit en l'immensité de son
ouvrage l'infinité des formes qu'il y a comprises »
(Essais, II, 30). Nous percevons du difforme, de
l'anormal, du nouveau, faute de saisir l'ensemble
des êtres et des choses dont la diversité, illimitée, se
dérobe à nous. Au tout début de sa préface, Paré
avait écrit : « Monstres sont choses qui apparaissent*

contre *le cours de Nature* » ; il corrige en « outre *le cours de Nature* ». *La première version pouvait impliquer que la création déraille et que certains accidents échappent à la vigilance de Dieu. Mais si le monstre est un écart, une forme extrême de la variété universelle, il ne procède pas d'une erreur ni n'enfreint une normalité qui n'existe pas, puisque tout dans la nature, effectif ou possible, est voulu par le Créateur. La maladie est un phénomène naturel au même titre qu'une tempête, une anatomie difforme ou un animal disproportionné. De la même manière, le monstre est naturel, ce qui complique la définition et pourrait même, à la limite, invalider la notion, dont Paré reconnaît volontiers le flou :* « Nous abusons aucunement du mot de monstre pour plus grand enrichissement de ce traité ; nous mettrons en ce rang la Baleine, et dirons être le plus grand monstre poisson qui se trouve en la mer » (chap. xxxiv, p. 199). *Monstrueuse, la baleine ? Étonnante, plutôt, et merveilleuse, comme tant d'autres singularités.*

On comprend mieux, dans cette perspective, l'invective contre les mendiants qui simulent une maladie ou une difformité, exhibant quelque feinte monstruosité pour attendrir les âmes charitables (chap. xx-xxiv). Le récit déploie une parade ubuesque de faux estropiés, faux lépreux, faux épileptiques, faux organes putréfiés, fausses pestilences ; il détaille leurs plaies, pustules, gangrènes, sanies, mutilations, s'insurge contre pareilles mystifications et, furieusement, arrache les prothèses, dégonfle les abcès, soulève les emplâtres, pour se féliciter finalement que ces charlatans soient emprisonnés, fouettés ou

*bannis. Pourquoi un tel acharnement ? Paré s'in-
digne et s'emporte, parce qu'ils parodient les œuvres
de Dieu et, produisant de faux monstres, dénaturent
le grand jeu de la création.*

*S'il dénonce l'artifice des hommes, Paré s'incline
au contraire devant l'infinie créativité de Dieu et de
la Nature, sa servante. C'est pourquoi il ne prétend
pas distinguer entre le vrai, le vraisemblable et le
supposé faux, pas plus qu'il ne tente de départager le
possible et l'impossible. La littérature fantastique
joue aujourd'hui de cette hésitation, mais ce qui
n'est pour elle qu'une ruse de la fiction relève ici de
l'expérience vécue. Depuis que les grandes découvertes ont remodelé la terre et révélé de nouvelles
espèces, de nouvelles races, de nouvelles croyances,
on ne peut raisonnablement que se tenir disponible
au surgissement des possibles. Telle est bien l'atti-
tude qui définit l'épistémologie à l'œuvre dans le
livre des monstres : faire le plein de tous les possibles, moissonner large et risquer des erreurs plutôt
que manquer quoi que ce soit. Tout se passe comme
si l'observateur aux aguets voulait aider la Nature à
accoucher des puissances de vie qu'elle tient en
réserve et, réveillant les forces latentes qui dorment
en son sein, participait à son activité créatrice.*

Un hymne à la vie

*S'approchant de son terme, le livre glisse de la
description à la célébration, pour se clore sur un
hymne de louange. Aux observations du savant se
superpose progressivement l'émotion du spectateur
qui, au moment de boucler son enquête, s'émer-*

veille de la variété des phénomènes, de la générosité et de la toute-puissance du Créateur. La gradation des derniers chapitres, qui aboutit à la contemplation des « monstres célestes », épouse le mouvement du regard qui s'élève progressivement vers la transcendance.

Cette ouverture vers le haut s'accompagne, dans la prose du discours, de l'irruption de passages en vers : la poésie fait son entrée, à laquelle Paré confie l'expression de son admiration et de sa reconnaissance. Avec, en point d'orgue, une citation du psaume 104 dans la traduction versifiée de Clément Marot — l'un des cantiques du culte protestant —, le lyrisme et l'action de grâces ont le dernier mot. Dans le chapitre précédent, Paré a déjà suivi un trajet exemplaire : il a d'abord effleuré, rapidement, la question du signe et de son interprétation, est passé ensuite à la description détaillée, technique et sans visée herméneutique, du système solaire, pour interrompre soudain sa dissertation savante et s'écrier :

> Holà, ma plume, arrête toi ! Car je ne veux ni ne puis entrer plus avant au cabinet sacré de la divine majesté de Dieu. Qui en voudra savoir davantage lise Ptolémée, Pline, Aristote, Milichius, Cardan et autres astronomes, et principalement le seigneur du Bartas et son interprète [...] Et ici chanterons avec ce grand prophète divin, Psal. 19 :
>
> > *Les Cieux en chacun lieu*
> > *La puissance de Dieu*
> > *Racontent aux humains [...]*
> > (chap. XXXVII, p. 228-229)

Que le lecteur curieux d'astronomie s'adresse aux doctes ; Paré, lui, préfère invoquer la parole enchantée du psalmiste et s'effacer derrière l'autorité d'un autre poète, plusieurs fois cité, Guillaume du Bartas qui, entraîné par l'enthousiasme, avait célébré, dans sa luxuriante Semaine, *les merveilles du grand livre du monde. L'orgueil de l'esprit qui prétend découvrir les causes et élucider les significations le cède à l'effusion et la ferveur du cœur.*

Si cet élan vers le divin s'accomplit dans les dernières pages, il irrigue en fait tout le livre, qu'il place a posteriori dans sa juste lumière. Il apparaît alors, dans le rétroviseur, que les monstres, peut-être incongrus mais toujours admirables, descendent parmi nous « afin que les œuvres de Dieu fussent magnifiées » (chap. ii*, p. 47) en eux. Ce que montrent les monstres, ou la plupart d'entre eux, c'est l'exubérance de la Création et la gloire du Créateur. Interprétés comme signes, ils ne présagent pas l'avenir, mais témoignent de l'inépuisable industrie divine.*

Viennent-ils, de leurs formes bizarres, altérer l'harmonie de la nature ? Une bonne lecture révèle au contraire qu'ils s'inscrivent dans l'ordre du monde et en manifestent la continuité. Sans qu'il ait besoin de rappeler la théorie des correspondances entre les parties de l'univers, tant elle est évidente pour ses contemporains, Paré trouve dans les monstres l'occasion d'illustrer l'étonnante cohérence du grand Tout. Les pierres que produit le corps humain, le sable, les vers, les poils qui s'échappent des apostèmes montrent comment le macrocosme se reflète dans le microcosme. Entre tous les règnes, Dieu a voulu qu'il y ait des similitudes et des sympathies.

*Poissons volants, cheval de mer, monstre marin
« ayant la tête d'un Ours et les bras d'un Singe »
(chap. XXXIV, p. 177), combien d'animaux aqua-
tiques ressemblent à des animaux terrestres ! Loin
d'être des accidents, ils font apparaître l'unité du
cosmos, que ce soit parce que les degrés de l'échelle
des êtres se miroitent l'un dans l'autre — relation
d'analogie — ou parce qu'il n'y a pas entre eux de
vide — relation de contiguïté. Le lion marin, l'autruche, la fille velue, l'enfant à la tête de grenouille,
le chien à la tête de volaille, le moine de mer, le
poisson en forme de sexe masculin, d'autres encore
qui rapprochent les espèces en les croisant démontrent
l'homogénéité d'un monde où tout se tient.*

*Une harmonie secrète régit l'univers, mais Paré
s'attache moins à dégager un dessein réglé, soumis
à des lois constantes, qu'à exalter la profusion, ni
prévisible ni totalisable, des êtres et des choses.
Sous ses yeux se déploie un monde immensément
divers, bien plus ample et illimité que le nôtre. Les
frontières du réel sautent, l'afflux de l'étrange, l'idée
que tout, potentiellement, peut arriver défient l'entendement.* « There are more things in heaven and
earth, Horatio, than are dreamt of in your philo-
sophy » (« *Il y a plus de choses au ciel et sur la
terre, Horatio, que n'en rêve ta philosophie* »), *dira
Hamlet, un quasi-contemporain. Les monstres
incarnent justement cet excès qui nous échappe
et qui sollicite un autre mode de connaissance :
plutôt qu'une opération intellectuelle, une saisie par
l'affect ; plutôt que des explications froides et dis-
tanciées, l'ardeur des émotions, la stupéfaction.
La posture épistémologique à laquelle invitent les*

monstres se nourrit de sentiments comme l'étonne-
ment, la surprise, la joie ou l'effroi — en un mot,
l'admiration. Lorsque Montaigne, en accord avec
Paré, écrit que « l'admiration est fondement de toute
philosophie » (Essais, *III, 11), c'est d'un double*
aveu d'étonnement et d'ignorance qu'il veut parler.
Platon l'avait dit, dans le Théétète *: « Cet état, l'éton-*
nement, est particulièrement celui du philosophe,
car c'est là le principe de la philosophie », et Aris-
tote, dans la Métaphysique, *l'avait confirmé : « Ce*
qui, dans l'origine, poussa les hommes aux premières
recherches philosophiques, c'était, comme aujour-
d'hui, l'étonnement ». Si se laisser surprendre est le
début de la sagesse, alors Paré est un sage.

Le foyer d'où jaillit, toujours renouvelée, la sur-
prise s'appelle indifféremment Dieu ou Nature : le
Créateur et la fabuleuse machine génératrice de vie
à laquelle il a délégué son pouvoir, Nature, sa « cham-
brière » (chap. XXXIV, p. 193), ne laissent jamais
l'étonnement fléchir. De cette Nature qui n'a d'autre
loi que la fantaisie, l'inventivité et la fécondité,
Paré dit souvent qu'elle joue, et d'un jeu gratuit,
dépourvu de finalité apparente. Comment expliquer
les tritons et les sirènes ? « De raison, il n'y en a
aucune, répond-il, fors de dire que Nature se joue en
ses œuvres » (chap. XXXIV, p. 174). Et quand, des
monstres marins, il passe aux terrestres : « J'y perds
mon esprit, avoue-t-il, et ne saurais autre chose
dire, fors que Nature s'y est jouée, pour faire admirer
la grandeur de ses œuvres » (chap. XXXVI, p. 220).
Voyez les coquillages, voyez la faune des antipodes,
voyez les corps hybrides : des créations ludiques,

sans doute, mais qui revêtent une dignité méta-
physique.

  Le plus admirable, dans ce déploiement d'énergie,
tient à l'abondance, à la luxuriance et à l'opulence
des œuvres de Nature. Dans le catalogue des monstres
humains qui occupe la première moitié du livre
(chap. II-XIX), le chapitre IV, sur l'excès de semence
qui dédouble les corps, est le plus long et le plus
illustré. La profusion de matière engendre des ana-
tomies aberrantes, certes, mais le surplus fascine :
dérèglement pathologique, qui pourtant témoigne
d'une force irrépressible. Les deux chapitres suivants
renchérissent sur le thème de la surabondance. Le
premier énumère des portées de plusieurs enfants
— non seulement des jumeaux, mais des accouche-
ments de cinq, sept, neuf rejetons, pour en arriver,
chez une noble dame de Cracovie, à une « ventrée de
trente-six enfants vifs » (chap. V, p. 70). Le suivant
enchaîne avec la bisexualité des hermaphrodites :
deux sexes à la place d'un, ou même, avec un
couple de deux enfants siamois androgynes (chap.
VI, p. 77), un double redoublement ! Des membres
en trop, un corps en trop, des enfants en trop, un
sexe en trop : la Nature déborde, comme si le méde-
cin, entouré de malades, de mourants et de morts,
cherchait un réconfort dans ce grouillement de vie,
fût-il anarchique !

  Une chose est sûre : Paré associe son intérêt
pour les monstres à ses travaux sur la reproduction
humaine et sur les premiers stades de la vie, de la
conception à la petite enfance. Lorsqu'il paraît pour
la première fois en 1573, notre traité est présenté
comme la seconde partie d'un ensemble : **Deux**

livres de chirurgie. I. De la génération de l'homme, et manière d'extraire les enfants hors du ventre de la mère, ensemble ce qu'il faut faire pour la faire mieux, et plus tôt accoucher, avec la cure de plusieurs maladies qui lui peuvent survenir. II. Des monstres tant terrestres que marins, avec leurs portraits. *Cet appariement sera repris dans les éditions suivantes. En ouverture, la copieuse étude* De la génération *expose tout ce qu'il faut savoir sur les organes génitaux et leur clinique, l'accouplement, la grossesse, l'accouchement, l'allaitement et les soins du nourrisson... Tout se passe donc comme si la recherche sur les monstres participait d'un même intérêt pour l'éclosion et le bourgeonnement de la vie. Il suffit d'ailleurs de feuilleter les œuvres complètes de Paré pour s'aviser que, chez ce père de dix enfants, la naissance, son avant et son après, sa mécanique, mais aussi ses surprises et ses dérapages, jouent un rôle majeur. De la fertilité du couple à la parturition, de la fascination pour les fluides vitaux — le sperme, le sang, le lait — à une sensibilité alors exceptionnelle pour les nouveau-nés, il a, outre ses talents de chirurgien, l'étoffe d'un gynécologue et d'un pédiatre. La tératologie serait moins une pathologie qu'une natalogie.*

L'exubérance de la Nature, source de vie, traverse comme un fil souterrain l'ensemble du livre, pour s'imposer comme le thème majeur des dernières pages. Le long chapitre des « monstres marins », copieusement illustré, explore le prodigieux vivier qui peuple le ventre fécond de la mer. La mer, avec ses propres lions, ses ours, ses évêques, ses poissons volants..., n'est pas seulement le miroir de la terre ;

saturée d'espèces inconnues, elle bricole de la vie sous toutes les formes et réserve d'incroyables surprises. Comme si cette abondance était contagieuse, Paré la mime en accumulant les récits de cas inouïs ; il puise dans les sources à tort et à travers, plus soucieux de dévoiler, dans le flux de son enquête, la multitude des populations sous-marines que de juger, d'expliquer ou de classer. Les tout derniers mots du traité seront ceux du psalmiste qui, célébrant les merveilles de la création, évoque « la Baleine, horrible monstre et grand », qui « à son gré par les ondes se joue » (chap. XXXVIII, p. 236).

Juste avant cette rêverie finale sur la fécondité des eaux maternelles, Paré a glissé un exposé inattendu sur les éruptions de l'Etna. Digression ? Tant s'en faut. Non seulement les soubresauts de la terre et les bouillonnements du volcan relèvent du monstrueux, mais ils sont le parfait symbole d'une puissance surhumaine, l'emblème par excellence de l'énergie sauvage de la Nature. L'effervescence de l'Etna, terrifiante, déploie aussi une énergie sublime. Les monstres effarouchent, mais ils parlent d'un monde qui n'en finit pas de se diversifier, de se multiplier — et de nous ébahir.

MICHEL JEANNERET

Note sur l'édition

Des monstres et prodiges a connu, du vivant de Paré, quatre éditions, qui présentent entre elles de nombreuses variantes. Nous donnons ici la dernière version parue avant la mort de l'auteur, publiée en 1585 dans *Les Œuvres d'Ambroise Paré, Conseiller et premier Chirurgien du Roy. Divisees en vingt huit Livres, Avec les figures et portraicts, tant de l'Anatomie, que des instruments de Chirurgie, et de plusieurs Monstres. Reveuës et augmentees par l'Autheur. Quatriesme Edition*, Paris, Gabriel Buon, 1585. Il s'agit d'un grand volume in-folio d'environ 1 250 pages. *Des monstres et prodiges* correspond au vingt-cinquième livre et occupe 78 pages.

L'orthographe a été modernisée. Celle des noms propres a été conservée pour les noms rares, mais modernisée pour les noms souvent utilisés (Moïse pour Moyse, Hippocrate pour Hippocrates, Gascogne pour Gascongne...).

L'emploi des majuscules a été respecté.

Pour les titres d'œuvres, l'italique a été introduit quand le titre fourni par Paré était exact et complet.

La ponctuation a été modifiée quand la commodité de la lecture l'exigeait.

Pour faciliter la lecture, on a souvent introduit des alinéas supplémentaires.

Les crochets droits [...] signalent un mot ajouté au texte ou substitué à une leçon erronée.

La taille des images a dû être réduite. Leur place dans le texte a été conservée chaque fois que le passage du format in-folio à un format beaucoup plus petit le permettait.

M. J.

DES MONSTRES
ET PRODIGES

PRÉFACE

Monstres sont choses qui apparaissent outre le cours de Nature[1] (et sont le plus souvent signes de quelque malheur à advenir) comme un enfant qui naît avec un seul bras, un autre qui aura deux têtes, et autres membres, outre l'ordinaire. Prodiges, ce sont choses qui viennent du tout[a] contre Nature, comme une femme qui enfantera un serpent, ou un chien, ou autre chose du tout contre Nature, comme nous montrerons ci-après par plusieurs exemples d'iceux[b] monstres et prodiges, lesquels j'ai recueillis avec les figures[c] de plusieurs auteurs, comme des *Histoires prodigieuses* de Pierre Boaistuau et de Claude Tesserant[2], de saint Paul, saint Augustin[3], Esdras le Prophète, et des anciens Philosophes, à savoir d'Hippocrate, Galien, Empédocle, Aristote, Pline,

a. *Du tout* : tout à fait.
b. *D'iceux* : de ces.
c. *Figures* : illustrations.

Lycosthène[1], et autres qui seront cotés[a] selon qu'il viendra à propos. Les mutilés, ce sont aveugles, borgnes, bossus, boiteux, ou ayant six doigts à la main, ou aux pieds, ou moins de cinq, ou joints ensemble, ou les bras trop courts, ou le nez trop enfoncé comme ont les camus, ou avoir les lèvres grosses et renversées, ou clôture de la partie génitale des filles pour cause de l'hymen, ou chair supernaturelle[b], ou qu'elles soient hermaphrodites, ou ayant quelques taches, ou verrues, ou loupes, ou autre chose contre Nature[2].

CHAPITRE I

DES CAUSES DES MONSTRES

Les causes des monstres sont plusieurs. La première est la gloire de Dieu. La seconde, son ire. La troisième, la trop grande quantité de semence. La quatrième, la trop petite quantité. La cinquième, l'imagination. La sixième, l'angustie[c] ou petitesse de la matrice. La septième, l'assiette[d] indécente[e] de la mère, comme, étant grosse, s'est tenue trop longuement assise les cuisses croisées ou serrées contre le ventre. La huitième, par chute, ou coups donnés contre le ventre de la mère étant grosse

a. *Cotés* : cités.
b. *Supernaturelle* : superflue.
c. *Angustie* : étroitesse.
d. *Assiette* : position assise.
e. *Indécente* : inappropriée.

d'enfant. La neuvième, par maladies héréditaires ou accidentales. La dixième, par pourriture ou corruption de la semence. L'onzième, par mixtion ou mélange de semence. La douzième, par l'artifice des méchants bélîtres de l'ostière[a]. La treizième, par les Démons ou Diables[1].

CHAPITRE II

EXEMPLE DE LA GLOIRE DE DIEU

Il est écrit en S. Jean d'un homme qui était né aveugle, lequel ayant recouvert[b] la vue, par la grâce de Jésus-Christ, fut interrogé de ses Disciples, si le péché de lui ou de ses parents était cause qu'il eût été ainsi produit aveugle dès le jour de sa nativité. Et Jésus-Christ leur répondit que lui, ni son père, ni sa mère n'avaient péché, mais que c'était afin que les œuvres de Dieu fussent magnifiées en lui[2].

CHAPITRE III

EXEMPLE DE L'IRE DE DIEU

Il y a d'autres créatures qui nous étonnent doublement, parce qu'elles ne procèdent des causes susdites, mais d'une confusion d'étranges espèces,

a. *Bélîtres de l'ostière* : gueux qui mendient de porte à porte.
b. *Recouvert* : recouvré, retrouvé

qui rendent la créature non seulement monstrueuse, mais prodigieuse : c'est-à-dire, qui est du
tout abhorrente[a] et contre nature, comme pourquoi sont faits ceux qui ont la figure d'un chien et
la tête d'une volaille, un autre ayant quatre cornes
à la tête, un autre ayant quatre pieds de bœuf et
les cuisses déchiquetées, un autre ayant la tête
d'un perroquet, et deux panaches sur la tête, et
quatre griffes, autres d'autres formes et figures,
que tu pourras voir par plusieurs et diverses figures
ci-après dépeintes sur leur figure.

Il est certain que le plus souvent ces créatures
monstrueuses et prodigieuses procèdent du jugement de Dieu, lequel permet que les pères et mères
produisent telles abominations au désordre qu'ils
font en la copulation comme bêtes brutes, où leurs
appétits les guident, sans respecter le temps ou
autres lois ordonnées de Dieu et de Nature, comme
il est écrit en Esdras le Prophète, que les femmes
souillées de sang menstruel engendreront des
monstres[1]. Pareillement Moïse défend telle conjonction au Lévitique, chap. 16[2]. Aussi les anciens ont
observé par longues expériences que la femme qui
aura conçu durant ses fleurs engendrera enfants
lépreux ou sujets à mille maladies, d'autant que
l'enfant conçu durant le flux menstruel prend nourriture et accroissement, étant au ventre de la mère,
d'un sang vicieux, sale et corrompu, lequel avec le
temps ayant enraciné son infection se manifeste et
fait apparaître sa malignité : aucuns[b] seront tei-

a. *Abhorrente* : absurde, inconvenante.
b. *Aucuns* : quelques-uns.

gneux, autres goutteux, autres lépreux, autres auront la petite vérole ou rougeole, et autres infinités de maladies. Conclusion, c'est une chose sale et brutale[a] d'avoir affaire à une femme pendant qu'elle se purge. Lesdits anciens estimaient tels prodiges venir souvent de la pure volonté de Dieu, pour nous avertir des malheurs dont nous sommes menacés de quelque grand désordre, ainsi que le cours ordinaire de Nature semblait être perverti en une si malheureuse engeance. L'Italie en fit preuve assez suffisante pour les travaux qu'elle endura en la guerre qui fut entre les Florentins et les Pisans, après avoir vu à Vérone, l'an 1254, une jument qui poulina[b] un poulain qui avait une tête d'homme bien formée et le reste d'un cheval, comme tu vois par cette figure[1].

Figure d'un poulain ayant la tête d'homme.

a. *Brutale* : animale, déréglée.
b. *Poulina* : donna naissance (pour une jument).

Autre preuve. Du temps que le Pape Jules second suscita tant de malheurs en Italie et qu'il eut la guerre contre le Roi Louis douzième (1512), laquelle fut suivie d'une sanglante bataille donnée près de Ravenne, peu de temps après on vit naître en la même ville un monstre ayant une corne à la tête, deux ailes et un seul pied semblable à celui d'un oiseau de proie, à la jointure du genou un œil, et participant de la nature de mâle et de femelle, comme tu vois par ce portrait.

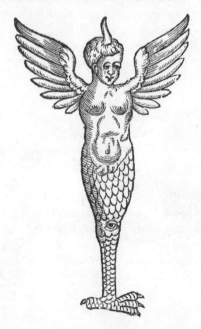

Portrait d'un Monstre merveilleux.

CHAPITRE IV

EXEMPLE DE LA TROP GRANDE
QUANTITÉ DE SEMENCE

Hippocrate, sur la génération des Monstres, dit que, s'il y a trop grande abondance de matière, il se fera grand nombre de portées ou un enfant monstrueux ayant des parties superflues et inutiles, comme deux têtes, quatre bras, quatre jambes, six doigts ès mains et pieds, ou autres choses ; au contraire, si la semence défaut[a] en quantité, quelque membre défaudra, comme n'avoir qu'une main, point de bras ou de pieds, ou autre partie défaillante. Saint Augustin dit que de son temps il naquit en Orient un enfant qui avait le ventre[b] en haut, toutes les parties supérieures doubles et les inférieures simples, car il avait deux têtes et quatre yeux, deux poitrines et quatre mains, et le reste comme un autre homme, lequel vécut assez longtemps.

Caelius Rhodiginus[1] a écrit, au livre de ses antiques leçons, avoir vu en Italie deux monstres, l'un mâle et l'autre femelle, leurs corps bien parfaits et proportionnés, reste[c] la duplication de la tête ; le mâle mourut peu de jours après sa nativité, et la femelle, de laquelle tu vois ici le portrait, vécut vingt-cinq ans après, qui est contre le natu-

a. *Défaut* : fait défaut.
b. *Ventre* : ventre ou poitrine.
c. *Reste* : sauf.

rel des monstres, lesquels ordinairement ne vivent guère, parce qu'ils se déplaisent et mélancholient[a] de se voir ainsi en opprobre de tout le monde, si bien que leur vie est brève. Or il faut ici noter que Lycosthène écrit une chose merveilleuse de ce monstre femelle, car, réservé[b] la duplication de la tête, nature n'y avait rien omis : ces deux têtes, dit-il, avaient même désir de boire, manger et dormir, et la parole semblable, comme étaient même toutes leurs affections.

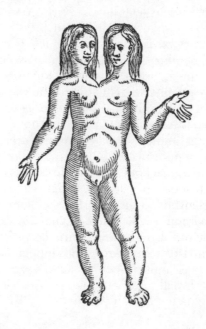

a. *Mélancholient* : deviennent mélancoliques.
b. *Réservé* : sauf.

Cette fille allait d'huis en huis[a] chercher sa vie[b], et lui donnait-on volontiers pour la nouveauté d'un si étrange et nouveau spectacle ; toutefois elle fut déchassée[c] à la longue de la duché de Bavière, parce, disait-on, qu'elle pourrait gâter le fruit des femmes grosses, pour l'appréhension et idées qui pourraient demeurer en la vertu imaginative[d], de la figure de cette créature ainsi monstrueuse.

L'an de grâce 1475, furent engendrées pareillement en Italie, en la ville de Vérone, deux filles conjointes par les reins depuis les épaules jusqu'aux fesses ; et parce que leurs parents étaient pauvres, elles furent portées par plusieurs villes d'Italie pour amasser argent du peuple qui était fort ardent de voir ce nouveau spectacle de Nature.

L'an 1530, on a vu un homme, en cette ville de Paris, du ventre duquel sortait un autre homme bien formé de tous ses membres réservé la tête, et cet homme était âgé de quarante ans ou environ, et portait ainsi ce corps entre ses bras avec si grande merveille que le monde s'assemblait à grandes troupes pour le voir, la figure duquel t'est ici représentée au vif[e].

En Piedmont, en la ville de Quiers[1] distante de Turin environ de cinq lieues[f], une honnête[g] dame accoucha d'un monstre le dix-septième jour de

a. *Huis* : porte.
b. *Chercher sa vie* : chercher les moyens de subsister.
c. *Déchassée* : chassée.
d. *Vertu imaginative* : imagination.
e. *Au vif* : au naturel, sur le vif.
f. Une *lieue* mesure environ 4 km.
g. *Honnête* : d'un rang honorable.

*Figure de deux filles gémelles, jointes et unies
par les parties postérieures.*

Figure d'un homme, du ventre duquel
sortait un autre homme.

Janvier à huit heures du soir, cette présente année 1578, la face étant bien proportionnée en toutes ses parties. Il a été [trouvé] monstrueux au reste de la tête en ce qu'il en sortait cinq cornes approchantes à celles d'un bélier, rangées les unes contre les autres, au haut du front, et au derrière une longue pièce de chair pendante le long du dos, en manière d'un chaperon de damoiselle. Il avait autour de son col une pièce de chair double couchée en la manière d'un collet de chemise tout uni, les extrémités des doigts ressemblant aux griffes de quelque oiseau de proie, les genoux aux jarrets. Le pied et la jambe droite étaient d'un rouge fort haut en couleur. Le reste du corps était de la couleur d'un gris enfumé. On dit qu'à la naissance de ce monstre qu'il jeta un grand cri qui étonna[a] tellement la sage-femme et toute la compagnie que l'effroi qu'ils en eurent

a. *Étonna* : effraya.

leur fit quitter le logis. Dont la nouvelle étant venue jusqu'à monsieur le Prince de Piedmont, pour le désir qu'il avait de le voir l'envoya quérir, en la présence duquel plusieurs en firent divers jugements. La figure t'est ici représentée après le naturel.

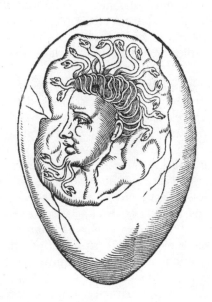

Ce présent Monstre que voyez ci-dépeint a été trouvé dedans un œuf, ayant la face et visage d'un homme, tous les cheveux de petits serpenteaux tous vifs et la barbe à la mode et façon de trois serpents qui lui sortaient hors du menton ; et fut trouvé le quinzième jour du mois de Mars dernier passé 1569, chez un Avocat nommé Baucheron, à

Authun en Bourgogne, par une chambrière qui
cassait des œufs pour les mettre au beurre, entre
lesquels celui-ci était ; lequel étant cassé par elle,
vit sortir ledit Monstre, ayant face humaine, les
cheveux et barbe de serpents, dont elle fut merveilleusement[a] épouvantée. Et fut baillé[b] de la
glaire[c] dudit œuf à un Chat, qui en mourut subitement. De quoi étant averti monsieur le Baron de
Senecey, Chevalier de l'ordre, a été de sa part
envoyé ledit monstre au Roi Charles, qui pour lors
était à Metz.

L'an 1546, à Paris, une femme grosse de six mois
enfanta un enfant ayant deux têtes, deux bras et
quatre jambes, lequel j'ouvris, et n'y trouvai qu'un
cœur[1] : partant l'on peut dire n'être qu'un enfant.
Aristote dit qu'un monstre ayant deux corps joints
ensemble, s'il est trouvé avoir deux cœurs, on peut
véritablement dire être deux hommes ou femmes ;
autrement s'il est trouvé n'avoir qu'un cœur avec
deux corps, ce n'est qu'un. La cause de ce monstre
pouvait être faute de matière en quantité ou vice
de la matrice qui était trop petite, parce que
Nature voulant créer deux enfants, la trouvant
trop étroite, se trouve manque[d], de façon que la
semence étant contrainte et serrée se vient lors à
coaguler en un globe, dont se formèrent deux
enfants ainsi joints et unis ensemble.

a. *Merveilleusement* : extrêmement.
b. *Baillé* : donné.
c. *Glaire* : blanc d'œuf cru.
d. *Manque* : infirme, défectueuse.

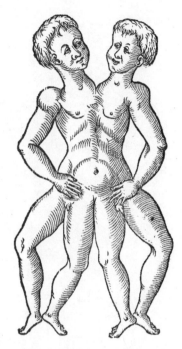

*Figure d'un enfant ayant deux têtes,
deux bras, et quatre jambes.*

L'an 1569, une femme de Tours enfanta deux
enfants gémeaux n'ayant qu'une tête, lesquels s'entre-
embrassaient ; et me furent donnés secs et anatomisés[a] par maître René Ciret, maître Barbier et
Chirurgien, duquel le renom est assez célèbre par

a. *Anatomisés* : disséqués.

Figure de deux gémeaux
n'ayant qu'une seule tête.

tout le pays de Touraine sans que je lui donne autre
louange.

Sébastien Münster[1] écrit avoir vu deux filles,
l'an 1495, au mois de Septembre, près de Wormes,
au village nommé Bristant[2], lesquelles avaient les
corps entiers et bien formés, mais leurs fronts

*Figure de deux filles gémelles,
lesquelles s'entretenaient par le front.*

s'entretenaient[a] ensemble sans que par artifice humain on les pût séparer, et s'entre-touchaient presque du nez ; et vécurent jusqu'à dix ans, et lors en mourut une, laquelle fut ôtée et séparée de l'autre, et celle qui demeura vive mourut tôt après, quand on sépara sa sœur morte d'avec elle, pour la plaie qu'elle avait reçue de la séparation ; la figure desquelles t'est ici dessus représentée.

a. *S'entretenaient* : se tenaient ensemble.

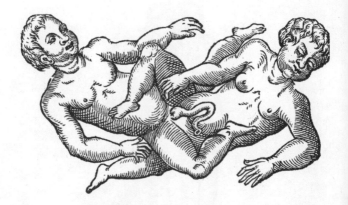

*Figure de deux enfants monstrueux
naguère nés à Paris.*

L'an 1570, le 20ᵉ jour de Juillet, à Paris, rue des
Gravelliers, à l'enseigne de la Cloche, naquirent
ces deux enfants ainsi figurés, remarqués par les
Chirurgiens pour mâle et femelle, et furent bap-
tisés à S. Nicolas-des-champs et nommés Loys et
Loyse. Leur père avait nom Pierre Germain, dit
Petit-Dieu, de son métier aide-maçon, et leur mère
Matthee Pernelle.

Le lundi dixième jour de Juillet mil cinq cent
soixante et douze, en la ville de Pont de See, près
Angers, naquirent deux enfants femelles, lesquels
vécurent demie heure et reçurent baptême ; et
étaient bien formés, fors[a] qu'une main senestre[b]

a. *Fors que* : sauf que.
b. *Senestre* : gauche.

n'avait seulement que quatre doigts ; et étaient conjoints ensemble en leurs parties antérieures, à savoir depuis le menton jusqu'à l'ombilic, et n'avaient qu'un seul nombril et un seul cœur, le foie divisé en quatre lobes.

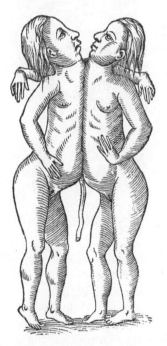

Figure de deux filles jointes ensemble,
naguère nées en la ville du Pont de See près Angers.

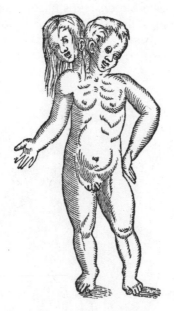

Portrait d'un monstre ayant deux têtes,
l'une de mâle, et l'autre de femelle.

Caelius Rhodiginus, chapitre troisième, livre vingt-quatrième de ses Antiques leçons, écrit qu'il fut produit[a] un monstre à Ferrare en Italie l'an de grâce mil cinq cent quarante, le dix-neuvième jour de Mars, lequel, lorsqu'il fut enfanté, était aussi grand et bien formé que s'il eût eu quatre mois accomplis, ayant le sexe féminin et masculin et deux têtes, l'une de mâle et l'autre de femelle.

a. *Produit* : mis à jour, montré.

Jovianus Pontanus[1] écrit que l'an mil cinq cent vingt-neuf, le neuvième de Janvier, il fut vu en Allemagne un enfant mâle ayant quatre bras et quatre jambes, duquel tu vois ici le portrait.

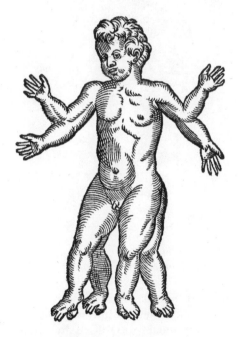

Figure d'un enfant mâle
ayant quatre bras et quatre jambes.

*Figure d'un homme ayant une tête
au milieu du ventre.*

La même année que le grand Roi François fit la
paix avec les Suisses, naquit en Allemagne un
monstre ayant une tête au milieu du ventre ; icelui
vécut jusqu'en l'âge d'homme ; icelle tête prenait
aliment comme l'autre.

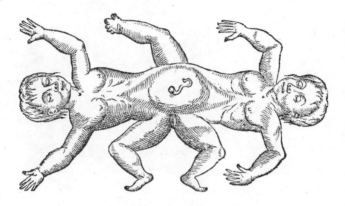

*Portrait de deux enfants bien monstrueux,
auxquels un seul sexe féminin se manifeste.*

Le dernier jour de Février 1572, en la paroisse
de Viaban[1], sur le chemin de Paris à Chartres,
au lieu des petites Bordes, une femme nommée
Cypriane Girande, femme de Jacques Marchant,
laboureur, accoucha de ce monstre, lequel vécut
jusqu'au Dimanche ensuivant.

L'an 1572, le lendemain de Pâques, à Metz en
Lorraine, dans l'hôtellerie du Saint Esprit, une
truie cochonna[a] un cochon ayant huit jambes,
quatre oreilles, la tête d'un vrai chien, les derrières
des corps séparés jusqu'à l'estomac, et depuis
joints en un, ayant deux langues situées au travers
de la gueule, et avait quatre grandes dents, savoir
est autant dessus que dessous, de chacun côté ;

a. *Cochonna* : donna naissance (pour une truie).

Figure d'un cochon monstrueux,
né à Metz en Lorraine.

leurs sexes étaient mal distingués, de façon qu'on
ne pouvait connaître s'ils étaient mâles ou femelles ;
ils n'avaient chacun qu'un conduit sous la queue ;
la figure duquel t'est démontrée par ce portrait,
lequel puis naguère[a] m'a été envoyé par monsieur
Bourgeois, Docteur en Médecine, homme de bon
savoir, et bien expérimenté en icelle, demeurant
en ladite ville de Metz.

a. *Puis naguère* : récemment.

CHAPITRE V

DES FEMMES QUI PORTENT PLUSIEURS ENFANTS D'UNE VENTRÉE

Le commun accouchement des femmes est un enfant ; toutefois on voit (comme le nombre des femmes est grand) qu'elles accouchent de deux, que l'on appelle gémeaux ou bessons ; il y en a qui en accouchent de trois, quatre, cinq, six, et plus. Empédocle dit que, lorsqu'il y a grande quantité de semence, il se fait pluralité d'enfants. Autres, comme les Stoïques, disent qu'ils s'engendrent pour ce qu'en la matrice il y a plusieurs cellules, séparations et cavités, et, quand la semence est épandue en icelles, il se fait plusieurs enfants ; toutefois cela est faux, car en la matrice de la femme il ne se trouve qu'une seule cavité, mais aux bêtes, comme chiennes, pourceaux et autres, il y a plusieurs cellules, qui est cause qu'elles portent plusieurs petits. Aristote a écrit que la femme ne pouvait enfanter d'une portée plus de cinq enfants ; toutefois cela est advenu en la servante d'Auguste César, que d'une portée elle accoucha de cinq enfants, lesquels (non plus que la mère) ne vécurent que bien peu de temps. L'an 1554, à Berne en Suisse, la femme de Jean Gelinger, Docteur, enfanta pareillement d'une portée cinq enfants, trois mâles et deux femelles. Albucasis[1] dit être certain d'une dame qui en avait fait

sept, et d'une autre, laquelle s'étant blessée, avorta
de quinze bien formés. Pline, ch. 11, liv. 7, fait
mention d'une qui en avorta de douze. Le même
auteur dit que l'on a vu à Péloponnèse une femme
qui accoucha quatre fois, et à chaque portée, de
cinq enfants, desquels la plupart vécurent. D'Alechamps[1], en sa *Chirurgie Française*, chap. 74,
feuillet 448, dit qu'un gentilhomme nommé Bona-
venture Savelli, Siennois, lui a affirmé qu'une sienne
esclave, qu'il entretenait[a], fit sept enfants d'une
portée, desquels quatre furent baptisés. Et, de notre
temps, entre Sarte et Maine, paroisse de Seaux,
près Chambellay, il y a une maison de gentilhomme appelée la Maldemeure, duquel sa femme
eut, la première année qu'elle fut mariée, deux
enfants, la seconde année trois, la troisième quatre,
la quatrième cinq, la cinquième six, dont elle
mourut ; il y a un desdits six enfants vivant, qui
est aujourd'hui sieur dudit lieu de Maldemeure.
À Beaufort en vallée, pays d'Anjou, une jeune
femme, fille de feu Macé Chaunière, accoucha
d'un enfant et, huit ou dix jours après, d'un autre,
qu'il lui fallut tirer hors le ventre, dont elle en
mourut. Martinus Cromerus[2], au livre 9 de l'histoire de Poulongue, écrit qu'en la province de Cracovie Marguerite, dame fort vertueuse et de grande
et ancienne maison, femme d'un Comte dit Vir-
boslaüs, accoucha, le XX[e] jour de Janvier 1269,
d'une ventrée de trente-six enfants vifs[b].

    Franciscus Picus Mirandula[3] écrit qu'une femme

---

  a. *Entretenait* : avec qui il vivait.
  b. *Vifs* : vivants.

en Italie, nommée Dorothea, accoucha en deux fois de vingt enfants, à savoir de neuf en une fois et d'onze à l'autre, laquelle, portant un si grand fardeau, était si grosse qu'elle soutenait son ventre, qui lui descendait jusqu'aux genoux, avec une grande bande qui lui prenait au col et aux épaules, comme tu vois par ce portrait.

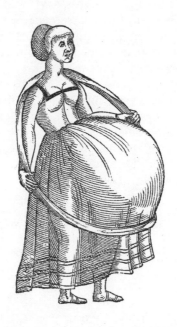

Or, quant à la raison de la multitude des enfants, quelques-uns du tout[a] ignares de l'Anatomie ont voulu persuader qu'en la matrice de la femme il y

a. *Du tout* : tout à fait.

avait plusieurs cellules et sinus[a], à savoir sept,
trois au côté droit pour les mâles, trois au gauche
pour les femelles et le septième droit au milieu
pour les hermaphrodites ; même que ce mensonge
a été autorisé jusque-là que quelques-uns par
après ont affirmé une chacune de ces sept cavités
être derechef divisée en dix autres, et de là ils ont
tiré la multitude des enfants d'une ventrée de ce
que diverses portions de la semence étaient écar-
tées et reçues en plusieurs cellules. Mais telle
chose n'est appuyée d'aucune raison et autorité,
ains[b] est contraire au sens et à la vue, bien que
Hippocrate semble avoir été de cette opinion au
livre *De natura pueri* ; mais Aristote, livre 4, chapitre 4, *De generatione animal.*, pense qu'il se fait
des jumeaux ou plusieurs enfants d'une ventrée de
même sorte qu'un sixième doigt en la main, à
savoir pour la redondance[c] de la matière, laquelle
étant en grande abondance, si elle vient à se
diviser en deux, il se fait des jumeaux. Il m'a
semblé bon qu'à cet endroit je décrive des hermaphrodites, à cause qu'ils viennent aussi de super-
abondance de matière.

a. *Sinus* : cavité.
b. *Ains* : mais.
c. *Redondance* : excès, abondance.

CHAPITRE VI

DES HERMAPHRODITES OU ANDROGYNES, C'EST-À-DIRE, QUI EN UN MÊME CORPS ONT DEUX SEXES

Les Hermaphrodites[1] ou androgynes sont des enfants qui naissent avec double membre génital, l'un masculin, l'autre féminin, et partant sont appelés en notre langue Française hommes et femmes. Or, quant à la cause, c'est que la femme fournit autant de semence que l'homme proportionnément[2], et pour ce la vertu formatrice[a], qui toujours tâche à faire son semblable, à savoir de la matière masculine un mâle, et de la féminine une femelle, fait qu'en un même corps est trouvé quelquefois deux sexes, nommés Hermaphrodites, desquels il y a quatre différences, à savoir hermaphrodite mâle, qui est celui qui a le sexe de l'homme parfait et qui peut engendrer et a au perinaeum (qui est le lieu entre le scrotum et le siège) un trou en forme de vulve, toutefois non pénétrant au-dedans du corps, et d'icelui n'en sort urine ni semence. La femme hermaphrodite, outre sa vulve qui est bien composée, par laquelle

a. *Vertu formatrice* : faculté qui forme toutes les parties du corps.

jette la semence et ses mois[a], a un membre viril, situé au-dessus de ladite vulve près le pénil, sans prépuce, mais une peau déliée[b], laquelle ne se peut renverser ni retourner, et sans aucune érection, et d'icelui n'en sort urine ni semence, et ne s'y trouve vestige de scrotum ni testicules. Les hermaphrodites qui ne sont ni l'un ni l'autre sont ceux qui sont du tout forclos[c] et exempts de génération, et leurs sexes du tout imparfaits, et sont situés à côté l'un de l'autre, et quelquefois l'un dessus et l'autre dessous, et ne s'en peuvent servir que pour jeter l'urine. Hermaphrodites mâles et femelles, ce sont ceux qui ont les deux sexes bien formés et s'en peuvent aider et servir à la génération ; et à ceux-ci les lois anciennes et modernes ont fait et font encore élire duquel sexe ils veulent user, avec défense, sur peine de perdre la vie, de ne se servir que de celui duquel ils auront fait élection, pour les inconvénients qui en pourraient advenir. Car aucuns[d] en ont abusé de telle sorte, que par un usage mutuel et réciproque paillardaient[e] de l'un et de l'autre sexe, tantôt d'homme, tantôt de femme, à cause qu'ils avaient nature d'homme et de femme proportionnée[f] à tel acte, voire, comme décrit Aristote[1], leur tétin droit est ainsi comme celui d'un homme et le gauche comme celui d'une femme.

a. *Mois* : règles.
b. *Déliée* : fine, mince.
c. *Du tout forclos* : totalement exclus, privés.
d. *Aucuns* : quelques-uns.
e. *Paillardaient* : se livraient à la débauche.
f. *Proportionnée* : adaptée.

Les Médecins et Chirurgiens bien experts et avisés peuvent connaître si les hermaphrodites sont plus aptes à tenir et user de l'un que de l'autre sexe, ou des deux, ou du tout rien. Et telle chose se connaîtra aux parties génitales, à savoir si le sexe féminin est propre en ses dimensions pour recevoir la verge virile et si par icelui fluent[a] les menstrues ; pareillement par le visage, et si les cheveux sont déliés ou gros ; si la parole est virile ou grêle ; si les tétins sont semblables à ceux des hommes ou des femmes ; semblablement si toute l'habitude[b] du corps est robuste ou efféminée, s'ils sont hardis ou craintifs, et autres actions semblables aux mâles ou aux femelles. Et, quant aux parties génitales qui appartiennent à l'homme, faut examiner et voir s'il y a grande quantité de poil au pénil et autour du siège[c], car communément et quasi toujours les femmes n'en ont point au siège. Semblablement faut bien examiner si la verge virile est bien proportionnée en grosseur et longueur et si elle se dresse et d'icelle sort semence, qui se fera par la confession de l'hermaphrodite, lorsqu'il aura eu la compagnie de femme ; et par cet examen on pourra véritablement discerner et connaître l'hermaphrodite mâle ou femelle, ou qu'ils seront l'un et l'autre, ou qu'ils ne seront ni l'un ni l'autre. Et si le sexe de l'hermaphrodite tient plus de l'homme que de la femme, doit être appelé homme ; et ainsi sera-t-il de la femme. Et

a. *Fluent* : coulent.
b. *Habitude* : état physique, complexion.
c. *Siège* : derrière, fondement.

si l'hermaphrodite tient autant de l'un que de l'autre, il sera appelé hermaphrodite homme et femme, comme tu peux voir par ce portrait.

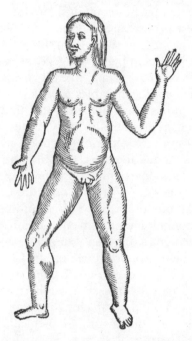

Portrait d'un hermaphrodite homme et femme.

L'an mil quatre cent quatre-vingt et six, on vit naître au Palatinat, assez près de Heidelberg, en un bourg nommé Rorbarchie[1], deux enfants gémeaux s'entretenant[a] et joints ensemble dos à

a. *S'entretenant* : se tenant ensemble.

dos, qui étaient hermaphrodites, comme on les peut voir par ce portrait[1].

Figure de deux enfants gémeaux hermaphrodites,
étant joints dos à dos, l'un avec l'autre.

Le jour que les Vénitiens et Genevois[a] furent réconciliés, naquit en Italie (comme raconte Boaistuau) un Monstre qui avait quatre bras et quatre jambes, et n'avait qu'une tête, avec la proportion gardée en tout le reste du corps, et fut baptisé, et vécut quelque temps après. Jacques

a. *Genevois* : Gênois.

Ruef[1], Chirurgien de Zurich, écrit en avoir vu un
semblable, lequel avait deux natures de femme,
comme tu peux voir par ce portrait[2].

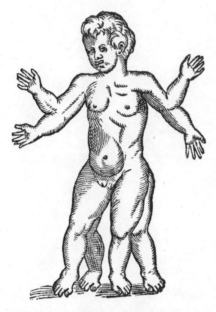

*Figure d'un Monstre ayant quatre bras
et quatre pieds, et deux natures de femme.*

CHAPITRE VII

HISTOIRES MÉMORABLES DE CERTAINES FEMMES QUI SONT DÉGÉNÉRÉES EN HOMMES

Amathus Lusitanus[1] récite[a] qu'il y eut, en un bourg nommé Esgucina[2], une fille appelée Marie Pateca, laquelle étant sur le temps que les filles commencent à avoir leurs fleurs[b], au lieu desdites fleurs lui sortit un membre viril, lequel était caché dedans auparavant, et ainsi de femelle devint mâle ; par quoi elle fut vêtue de robe d'homme, et son nom de Marie fut changé en Emanuel. Icelui trafiqua[c] longtemps ès Indes, où ayant acquis grand bruit[d] et grandes richesses, à son retour se maria ; toutefois cet auteur ne sait s'il eut enfants ; vrai est, dit-il, qu'il demeura toujours sans barbe.

Antoine Loqueneux, Receveur des tailles[e] pour le Roi à saint Quentin, naguère m'a affirmé avoir vu un homme au logis du Cygne à Reims, l'an soixante, lequel semblablement on avait estimé être fille jusqu'en l'âge de quatorze ans ; mais se jouant et folâtrant, étant couché avec une chambrière, ses parties génitales d'homme se vinrent à

a. *Récite* : raconte.
b. *Fleurs* : règles.
c. *Trafiqua* : commerça.
d. *Bruit* : réputation.
e. *Tailles* : impôts.

développer ; le père et la mère, le connaissant être
tel, lui firent par autorité de l'Église changer le
nom de Jeanne à Jean et lui furent baillés[a] habille-
ments d'homme.

Aussi étant à la suite du Roi[1], à Vitry le François
en Champagne, j'y vis un certain personnage
nommé Germain Garnier, aucuns[b] le nommaient
Germain Marie, parce qu'étant fille était appelé
Marie, jeune homme de taille moyenne, trappe[c] et
bien amassé[d], portant barbe rousse assez épaisse,
lequel jusqu'au quinzième an de son âge avait été
tenu pour fille, attendu qu'en lui ne se montrait
aucune marque de virilité et même qu'il se tenait
avec les filles en habit de femme. Or, ayant atteint
l'âge susdit, comme il était aux champs et pour-
suivait assez vivement ses pourceaux qui allaient
dedans un blé[e], trouvant un fossé le voulut affranchir[f] ; et l'ayant sauté, à l'instant se viennent à lui
développer les génitoires et la verge virile, s'étant
rompus les ligaments par lesquels auparavant
étaient tenus clos et enserrés (ce qui ne lui advint
sans douleur), et s'en retourna larmoyant en la
maison de sa mère, disant que ses tripes lui étaient
sorties hors du ventre, laquelle fut fort étonnée de
ce spectacle. Et ayant assemblé des Médecins et
Chirurgiens, pour là-dessus avoir avis, on trouva
qu'elle était homme et non plus fille ; et tantôt

a. *Baillés* : donnés.
b. *Aucuns* : quelques-uns.
c. *Trappe* : trapu.
d. *Amassé* : ramassé, trapu.
e. *Blé* : champ de blé.
f. *Affranchir* : franchir.

après avoir rapporté à l'Évêque, qui était le défunt
Cardinal de Lenoncourt, par son autorité et assem-
blée du peuple il reçut le nom d'homme et, au lieu
de Marie (car il était ainsi nommé auparavant), il
fut appelé Germain, et lui fut baillé habit d'homme,
et crois que lui et sa mère sont encore vivants[1].
Pline, livre 7, chap. 4, dit semblablement qu'une
fille devint garçon, et fut confiné pour cette cause
en une Île déserte et inhabitée par arrêt des Aruspices[a]. Il me semble que ces devineurs n'avaient
occasion de ce faire pour les raisons ci-dessus
alléguées[2] ; toutefois ils estimaient que telle chose
monstrueuse leur était mauvais augure et présage,
qui était la cause de les chasser et exiler.

La raison pourquoi les femmes se peuvent dégé-
nérer en hommes, c'est que les femmes ont autant
de caché dedans le corps que les hommes découvrent dehors ; reste[b] seulement qu'elles n'ont pas
tant de chaleur ni suffisance[c] pour pousser dehors
ce que par la froidure de leur température est tenu
comme lié au-dedans[3]. Par quoi, si avec le temps,
l'humidité de l'enfance qui empêchait la chaleur
de faire son plein devoir étant pour la plupart
exhalée, la chaleur est rendue plus robuste, âcre et
active, ce n'est chose incrédible[d] qu'icelle, principalement aidée de quelque mouvement violent, ne
puisse pousser dehors ce qui était caché dedans.
Or, comme telle métamorphose a lieu en Nature

a. *Aruspices* : devins chez les Romains.
b. *Reste* : sauf.
c. *Suffisance* : capacité.
d. *Incrédible* : incroyable.

par les raisons et exemples alléguées, aussi nous ne trouvons jamais en histoire véritable que d'homme aucun soit devenu femme, pour ce que Nature tend toujours à ce qui est le plus parfait, et non au contraire faire que ce qui est parfait devienne imparfait.

CHAPITRE VIII

EXEMPLE DU DÉFAUT[a]
DE LA QUANTITÉ DE LA SEMENCE

Si la quantité de la semence (comme nous avons par ci-devant dit) manque, pareillement quelque membre défaudra[b] aussi, plus ou moins. De là adviendra que l'enfant aura deux têtes et un bras, l'autre n'aura point de bras ; un autre n'aura ni bras ni jambes, ou autres parties défaillantes[c], comme nous avons dit ci-dessus ; l'autre aura deux têtes, et un seul bras, et le reste du corps bien accompli.

L'an 1573, je vis à Paris, à la porte de saint André des Arts, un enfant âgé de neuf ans, natif de Parpeville, village trois lieues près de Guise ; son père se nommait Pierre Renard, et sa mère, qui le portait, Marquette. Ce monstre n'avait que deux doigts à la main dextre[d], et le bras était assez bien

a. *Défaut* : manque, insuffisance.
b. *Défaudra* : manquera, sera atrophié.
c. *Défaillantes* : manquantes, atrophiées
d. *Dextre* : droite.

formé depuis l'épaule jusqu'au coude, mais depuis le coude jusqu'aux deux doigts était fort difforme. Il était sans jambes, toutefois lui sortait hors de la fesse dextre une figure incomplète d'un pied, [avec] apparence de quatre orteils ; de l'autre fesse senestre[a] en sortait du milieu deux doigts, l'un desquels ressemblait presque à la verge virile. Lequel t'est démontré au vrai par cette présente figure.

*Figure d'un enfant monstrueux, de défaut
de la semence en due quantité.*

a. *Senestre* : gauche.

L'an 1562, premier jour de Novembre, naquit à Villefranche de Beyran en Gascogne[1] ce présent monstre sans tête, lequel m'a été donné par monsieur Hautin, Docteur Régent en la faculté de Médecine à Paris[2], duquel monstre as ici la figure tant antérieure que postérieure, et m'a affirmé l'avoir vu.

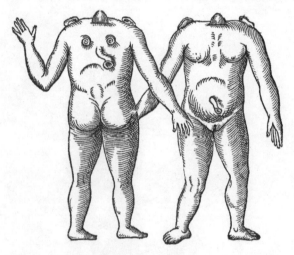

Figure d'un Monstre femelle sans tête.

On a vu depuis quelque temps en çà[a] à Paris un homme sans bras, âgé de quarante ans ou environ, fort et robuste, lequel faisait presque toutes les actions qu'un autre pouvait faire de ses mains : à savoir, avec son moignon d'épaule et la tête, ruait[b]

a. *En çà* : auparavant.
b. *Ruait* : jetait, assénait.

une cognée contre une pièce de bois aussi ferme
qu'un autre homme eût su faire avec ses bras.
Pareillement faisait cliqueter un fouet de chartier,
et faisait plusieurs autres actions ; et avec ses
pieds mangeait, buvait et jouait aux cartes et aux
dés, ce qui t'est démontré par ce portrait ; à la
fin fut larron, voleur et meurtrier, et exécuté en
Gueldres[1], à savoir pendu, puis mis sur la roue.

Figure d'un Homme sans bras.

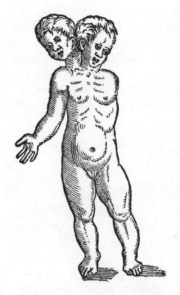

Figure d'un Monstre ayant deux têtes,
deux jambes, et un seul bras[1].

Semblablement, de récente mémoire, on a vu à Paris une femme sans bras, qui taillait et cousait et faisait plusieurs autres actions. Hippocrate, au livre 2 des Épidémies, écrit que la femme d'Antigènes accoucha d'un enfant tout de chair n'ayant aucun os, néanmoins avait toutes les parties bien formées.

CHAPITRE IX

EXEMPLE DES MONSTRES
QUI SE FONT PAR IMAGINATION

Les anciens qui ont recherché les secrets de Nature ont enseigné d'autres causes des enfants monstrueux, et les ont référés à une ardente et obstinée imagination que peut avoir la femme ce pendant qu'elle conçoit, par quelque objet ou songe fantastique[a], de quelques visions nocturnes, que l'homme ou la femme ont sur l'heure de la conception. Ceci même est vérifié par l'autorité de Moïse, où il montre comme Jacob déçut[b] son beau-père Laban et s'enrichit de son bestial[c], ayant fait peler des verges, les mettant à l'abreuvoir, afin que les chèvres et brebis regardant ces verges de couleurs diverses formassent leurs petits marquetés de diverses taches[1] : parce que l'imagination a tant de puissance sur la semence et géniture[d], que le rayon[e] et caractère en demeure sur la chose enfantée. Qu'il soit vrai, Héliodore écrit que Persina, Reine d'Éthiopie, conçut du Roi Hydustes, tous deux Éthiopiens, une fille qui était blanche, et ce par l'imagination qu'elle attira de la semblance[f] de la belle Andromeda, dont elle avait la

a. *Fantastique* : suscité par la fantaisie, bizarre.
b. *Déçut* : trompa.
c. *Bestial* : bétail.
d. *Géniture* : semence.
e. *Rayon* : rayonnement, empreinte.
f. *Semblance* : apparence.

peinture devant ses yeux pendant les embrasse-
ments desquels elle devint grosse[1]. Damascène,
auteur grave, atteste avoir vu une fille velue comme
un Ours, laquelle la mère avait enfantée ainsi difforme et hideuse, pour avoir trop ententivement[a]
regardé la figure d'un saint Jean[2] vêtu de peau
avec son poil, laquelle était attachée aux pieds de
son lit pendant qu'elle concevait. Par semblable
raison Hippocrate sauva une Princesse accusée
d'adultère, parce qu'elle avait enfanté un enfant
noir comme un more[b], son mari et elle ayant la
chair blanche, laquelle à la suasion[c] d'Hippocrate
fut absoute, pour le portrait d'un more semblable
à l'enfant, lequel coutumièrement était attaché
à son lit. Davantage, on voit que les connins[d] et
paons qui sont enfermés en des lieux blancs par
vertu imaginative[e] engendrent leurs petits blancs.

Et partant faut que les femmes, à l'heure de la
conception, et lorsque l'enfant n'est encore formé
(qui est de trente ou trente-cinq jours aux mâles,
et de quarante ou quarante-deux, comme dit Hippocrate, livre *De natura pueri*, aux femelles) n'aient
à regarder ni imaginer choses monstrueuses ; mais
la formation de l'enfant étant faite, jaçoit que[f] la
femme regarde ou imagine attentivement choses
monstrueuses, toutefois alors l'imagination n'aura
aucun lieu[g], pour ce qu'il ne se fait point de

a. *Ententivement* : attentivement.
b. *More* : Africain.
c. *Suasion* : conseil.
d. *Connins* : lapins.
e. *Vertu imaginative* : force de l'imagination.
f. *Jaçoit que* : même si.
g. *Lieu* : effet.

Figure d'une fille velue, et d'un enfant noir,
faits par la vertu imaginative.

transformation depuis que l'enfant est du tout[a]
formé.

En Saxe, en un village nommé Stecquer[1], fut né
un monstre ayant quatre pieds de bœuf, les yeux,
la bouche et le nez semblables à un veau, ayant
dessus la tête une chair rouge en façon ronde, une

a. *Du tout* : tout à fait.

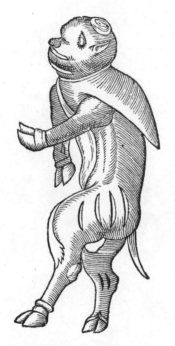

*Figure d'un Monstre fort hideux,
ayant les mains et pieds de bœuf,
et autres choses fort monstrueuses.*

autre par derrière, semblable à un capuchon de
moine, ayant les cuisses déchiquetées, comme tu
vois par cette figure ci-dessus peinte.

L'an mil cinq cent dix-sept, en la paroisse de
Bois le Roy, dans la forêt de Biere, sur le chemin
de Fontainebleau, naquit un enfant ayant la face
d'une grenouille, qui a été vu et visité par Maître

Jean Bellanger[1], Chirurgien en la suite de l'Artillerie du Roi, ès présences de messieurs de la justice de Harmois[2], à savoir honorable homme Jacques Bribon, Procureur du Roi dudit lieu, et Estienne Lardot, Bourgeois de Melun, et Jean de Vircy, Notaire Royal à Melun, et autres ; le père s'appelle Esme Petit, et la mère Magdaleine Sarboucat. Ledit Bellanger, homme de bon esprit, désirant savoir la cause de ce Monstre, s'enquit au père d'où cela pouvait procéder ; lui dit qu'il estimait que, sa femme ayant la fièvre, une de ses voisines lui conseilla, pour guérir sa fièvre, qu'elle prît une grenouille vive en sa main et qu'elle la tînt jusqu'à ce que ladite grenouille fût morte ; la nuit elle s'en alla coucher avec son mari, ayant toujours ladite grenouille en sa main ; son mari et elle s'embrassèrent, et conçut, et par la vertu imaginative ce monstre avait été ainsi produit, comme tu vois par cette figure.

*Figure prodigieuse d'un Enfant
ayant la face d'une Grenouille.*

CHAPITRE X

EXEMPLE DE L'ANGUSTIE [a]
OU PETITESSE DE LA MATRICE

Il se fait aussi des Monstres pour la détresse[b] du corps de la matrice, comme l'on voit que, lorsqu'une poire attachée à l'arbre, posée en un vaisseau[c] étroit devant qu'elle soit accrue, ne peut prendre croissance complète ; ce qui est connu aussi aux Dames qui nourrissent des jeunes chiens en petits paniers ou autres vaisseaux étroits, pour garder de croître. Pareillement la plante naissant de terre, trouvant une pierre ou autre chose solide à l'endroit où elle vient, fait que la plante sera tortue, et engrossie en une partie et grêle en l'autre : semblablement les enfants sortent du ventre de leurs mères monstrueux et difformes. Car il[1] dit qu'il est nécessaire qu'un corps qui se meut en lieu étroit devienne mutilé et manque[d]. Empédocle et Diphile[2] ont attribué semblablement cela à la super-abondance, ou défaut et corruption de la semence, ou à l'indisposition[e] de la matrice : ce qui peut être véritable par la similitude des choses fusibles[f], esquelles si la matière qu'on veut fondre

a. *Angustie* : étroitesse.
b. *Détresse* : étroitesse.
c. *Vaisseau* : vase, récipient.
d. *Manque* : estropié, infirme.
e. *Indisposition* : mauvaise disposition, mauvais état physique.
f. *Fusibles* : qui peuvent être fondues.

n'est bien cuite, purifiée et préparée, ou que le moule soit raboteux ou autrement mal-ordonné, la médaille ou effigie qui en sort est défectueuse, hideuse et difforme.

CHAPITRE XI

EXEMPLE DES MONSTRES QUI SE FONT, LA MÈRE S'ÉTANT TENUE TROP LONGUEMENT ASSISE, AYANT EU LES CUISSES CROISÉES, OU POUR S'ÊTRE BANDÉ ET SERRÉ TROP LE VENTRE DURANT QU'ELLE ÉTAIT GROSSE

Or quelquefois aussi il advient, par accident, que la matrice est assez ample naturellement ; toutefois, la femme étant grosse, pour s'être tenue quasi toujours assise pendant sa grossesse et les cuisses croisées, comme volontiers font les Couturières ou celles qui besognent en tapisseries sur leurs genoux, ou s'être bandé et trop serré le ventre, les enfants naissent courbés, bossus et contrefaits, aucuns[a] ayant les mains et les pieds tortus[b], comme tu vois par cette figure.

a. *Aucuns* : quelques-uns.
b. *Tortus* : tordus.

*Figure d'un Enfant
qui a été pressé au ventre de sa mère,
ayant les mains et pieds tortus.*

Portrait d'un Prodige et enfant pétrifié, lequel a été trouvé au cadavre d'une femme en la ville de Sens, le seizième de Mai mille cinq cent octante-deux, elle étant âgée de soixante-huit ans, et l'ayant porté en son ventre par l'espace de vingt-huit ans. Ledit enfant était quasi tout ramassé en un globe, mais il est ici peint de son long pour mieux faire voir l'entière figure de ses membres, hormis une main qui était défectueuse.

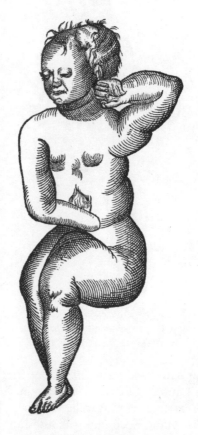

Ceci se peut confirmer par Matthias Cornax, Médecin de Maximilian, Roi des Romains, lequel récite que lui-même assista à la dissection du

ventre d'une femme, laquelle avait porté en sa
matrice son enfant l'espace de quatre ans. Aussi
Egidius Hertages, Médecin à Bruxelles, fait mention d'une femme qui a porté en ses flancs, treize
ans révolus, le squelette d'un enfant mort. Joannes
Langius[1], en l'épître qu'il écrit à Achilles Bassarus,
témoigne aussi d'une femme, qui était d'un bourg
appelé Eberbach, laquelle rendit les os d'un enfant,
qui était mort en son ventre dix ans auparavant.

CHAPITRE XII

EXEMPLE DES MONSTRES
QUI SONT ENGENDRÉS,
LA MÈRE AYANT REÇU
QUELQUE COUP, OU CHUTE,
ÉTANT GROSSE D'ENFANT

Davantage quand la mère reçoit quelque coup
sur le ventre ou qu'elle tombe de haut en bas, les
enfants en peuvent avoir les os rompus, déboîtés
et torturés[a], ou recevoir autre vice, comme être
boiteux, bossus et contrefaits, ou pour cause que
l'enfant devient malade au ventre de sa mère, ou
que le nourrissement[b] dont il devait croître soit
écoulé hors la matrice. Pareillement aucuns ont
attribué les Monstres être procréés de la corruption des viandes ordes[c] et sales que les femmes

a. *Torturés* : tordus.
b. *Nourrissement* : nourriture.
c. *Ordes* : sales, répugnantes.

mangent, ou désirent de manger, ou qu'elles abhorrent de voir tôt après qu'elles ont conçu ; ou que l'on aura jeté quelque chose entre leurs tétins, comme une cerise, prune, grenouille, une souris, ou autres choses qui peuvent rendre les enfants monstrueux.

CHAPITRE XIII

EXEMPLE DES MONSTRES QUI SE FONT PAR LES MALADIES HÉRÉDITAIRES

Aussi pour les indispositions ou compositions[a] héréditaires des pères et mères, les enfants sont faits monstrueux et difformes ; car il est assez manifeste qu'un bossu fait naître son enfant bossu, voire tellement bossu, que les deux bosses devant et derrière à quelques-uns sont si forts élevées, que la tête est à moitié cachée entre les épaules, ainsi que la tête d'une tortue dans sa coquille. Une femme boiteuse d'un côté fait ses enfants boiteux semblables à elle. Autres étant boiteuses des deux hanches font enfants qui le sont semblablement et qui cheminent cannetant[b]. Les camus font leurs enfants camus. Autres balbutient[c]. Autres parlent en bredouillant, semblablement leurs enfants bre-

a. *Compositions* : complexions, conformations.
b. *Cannetant* : marchant comme un canard.
c. *Balbutient* : bégaient.

douillent. Et où les pères et mères sont petits, les enfants en naissent le plus souvent nains, sans nulle autre difformité, à savoir quand le corps du père et de la mère n'ont aucun vice en leur conformation. Autres font leurs enfants bien maigres, à cause que le père et la mère le sont. Autres sont ventrus et fort fessus, quasi plus gros que longs, parce qu'ils ont été engendrés du père ou de la mère, ou de tous les deux, qui seront gros et grands, ventrus et fessus. Les goutteux engendrent leurs enfants goutteux, et les lapidaires[a], sujets à la pierre. Aussi si le père et la mère sont fols, le plus souvent les enfants ne sont guère sages. Or, toutes ces manières de gens se trouvent ordinairement, qui est chose qu'un chacun peut voir et connaître à l'œil la vérité de mon dire ; partant je n'ai que faire d'en parler davantage. Aussi je ne veux écrire que les ladres engendrent des enfants ladres[b], car tout le monde le sait. Il y a une infinité d'autres dispositions des pères et mères, auxquelles les enfants sont sujets, voire des mœurs, de la parole, de leurs mines et trognes[c], contenances et gestes, jusqu'au marcher et cracher. Toutefois de ce ne faut faire règle certaine : car nous voyons les pères et mères avoir toutes ces indispositions, et néanmoins les enfants n'en retiennent rien, parce que la vertu formatrice[d] a corrigé ce vice.

a. *Lapidaires* : malades de la pierre.
b. *Ladres* : lépreux.
c. *Trognes* : visages, mines.
d. *Vertu formatrice* : faculté qui forme toutes les parties du corps.

CHAPITRE XIV

EXEMPLE
DE CHOSES MONSTRUEUSES
QUI SONT ADVENUES
EN MALADIES ACCIDENTALES

Devant saint Jean d'Angelic[1], un soldat nommé Francisque, de la compagnie du Capitaine Muret, fut blessé d'un coup d'arquebuse au ventre, entre l'ombilic et les îles[a] ; la balle ne lui fut tirée, parce que l'on ne la pouvait trouver, au moyen de quoi il eut de grandes et extrêmes douleurs ; neuf jours après sa blessure, jeta la balle par le siège, et trois semaines après fut guéri ; il fut traité par maître Simon Crinay, Chirurgien des bandes[b] Françaises.

Jacques Pape, seigneur de Saint Aubam aux Baronniers en Dauphiné, fut blessé, à l'escarmouche de Chasenay, de trois coups d'arquebuse pénétrant en son corps, dont il y en avait un au-dessous du nœud de la gorge, tout proche la canne du poumon[c], passant près la nuque du col, et la balle y est encore à présent ; au moyen de quoi lui survinrent plusieurs grands et cruels accidents, comme fièvre, grande tumeur à l'entour du col, de sorte qu'il fut dix jours sans pouvoir rien avaler, fors[d] quelques bouillons liquides ; et, néan-

a. *Îles* : sacrum.
b. *Bandes* : troupes.
c. *Canne du poumon* : trachée-artère.
d. *Fors* : sauf.

moins toutes ces choses, a recouvert[a] santé, et est
à présent encore vivant, et fut pansé[b] par maître
Jacques Dalam, Chirurgien fort expert, demeurant en la ville de Montélimar en Dauphiné.

Alexandre Benedict[1] écrit d'un villageois qui fut
blessé d'un coup de trait[c] au dos, et fut tiré, mais
le fer demeura dedans le corps, lequel était long
de deux doigts[d] en travers[e] et était barbelé aux
côtés. Le Chirurgien, l'ayant longtemps cherché
sans le pouvoir trouver, ferma la plaie, et deux mois
après ce fer sortit semblablement par le siège.
Davantage, audit chapitre, dit qu'à Venise une fille
avala une aiguille, laquelle deux ans après la
jeta en urinant, couverte d'une matière pierreuse,
amassée à l'entour de quelques humeurs[f] gluants.

Ainsi que[g] Catherine Parlan, femme de Guillaume Guerrier, marchand Drapier, honnête
homme, demeurant rue de la Juiverie à Paris,
allait aux champs en trousse[h] sur un cheval, une
aiguille de son tabouret[i] entra dedans sa fesse
dextre[j], de sorte que l'on ne la put tirer hors.
Quatre mois après m'envoya quérir, se plaignant
que, lorsque son mari l'embrassait, sentait en l'aine
dextre une grande douleur piquante, à raison

a. *Recouvert* : recouvré.
b. *Pansé* : traité.
c. *Trait* : projectile, flèche.
d. Un *doigt* mesurait environ 1,85 cm.
e. *En travers* : d'un côté à l'autre.
f. *Humeurs* : substances liquides.
g. *Ainsi que* : tandis que.
h. *En trousse* : en croupe derrière un cavalier.
i. *Tabouret* : petite pelote attachée à la taille, où une femme
garde ses épingles.
j. *Dextre* : droite.

qu'il[a] pressait dessus. Ayant mis la main sur la douleur, trouvai une aspérité et dureté, et fis en sorte que lui tirai ladite aiguille toute enrouillée[b]. Ceci doit bien être mis au rang des choses monstrueuses, vu que l'acier, qui est pesant, monta contremont[c], et passa au travers des muscles de la cuisse sans faire apostème[d].

CHAPITRE XV

DES PIERRES QUI S'ENGENDRENT AU CORPS HUMAIN

L'an mil cinq cent soixante et six, les enfants de maître Laurens Collo, hommes bien expérimentés en l'extraction des pierres[1], en tirèrent une de grosseur d'une noix, au milieu de laquelle fut trouvée une aiguille, de quoi coutumièrement les couturiers cousent. Le malade se nommait Pierre Cocquin, demeurant en la rue Gallande, près la place Maubert à Paris, et est encore à présent vivant. La pierre fut présentée au Roi en ma présence avec ladite aiguille, que lesdits Collos m'ont donnée pour mettre en mon Cabinet[2], laquelle je garde, et ai encore de présent en ma possession, pour mémoire de chose si monstrueuse.

L'an mil cinq cent septante, Madame la Duchesse

a. *À raison que* : à proportion que.
b. *Enrouillée* : couverte de rouille.
c. *Contremont* : vers le haut.
d. *Apostème* : abcès.

de Ferrare envoya quérir en cette ville Jean Collo
pour extraire une pierre de la vessie d'un pauvre
Pâtissier demeurant à Montargis, laquelle pèse
neuf onces[a], de grosseur d'un poing, et de figure
comme tu vois ici le portrait, et fut tirée en la présence de Monsieur maître François Rousset, et
maître Joseph Javelle, hommes savants et bien
expérimentés en la Médecine, Médecins ordinaires
de ladite Dame ; et fut si heureusement tirée, que
ledit Pâtissier guérit ; toutefois peu de temps après
lui vint une suppression d'urine, au moyen de deux
petites pierres qui descendirent des reins, qui bou-
chèrent les pores[b] uretères et furent cause de sa mort.

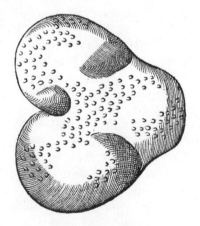

Figure d'une Pierre
extraite à un Pâtissier de Montargis.

a. Une *once* équivaut à environ 30 g.
b. *Pores* : ouvertures, passages.

L'an mil cinq cent soixante et six, le frère dudit
Jean Collo, nommé Laurens, fit pareillement en
cette ville de Paris extraction de trois pierres, de
grosseur chacune d'un bien gros œuf de poule, de
couleur blanche, pesant les trois douze onces et
plus, à un surnommé Tire-vit, demeurant à Marly,
lequel, pour ce qu'il avait dès l'âge de dix ans
quelque commencement desdites pierres en la
vessie, tirait ordinairement sa verge, dont fut
nommé Tire-vit, car la vertu expultrice[a] de la vessie,
voire de tout le corps, s'efforçait à jeter hors ce qui
lui nuisait, et pour ce lui causaient un certain
aiguillonnement à l'extrémité d'icelle verge (comme
toujours se fait à ceux qui ont quelque sable ou
pierre aux parties dédiées à l'urine), ce que j'ai
écrit plus amplement en mon livre des Pierres[1].
Icelles furent présentées au Roi étant pour lors à
saint Maur des Fossés ; on en cassa une avec un
marteau de Tapissier, au milieu de laquelle fut
trouvée une autre ressemblant à un noyau de
Pêche, de couleur tannée. Lesdits Collos m'ont
donné les susdites Pierres pour mettre à mon
Cabinet, comme choses monstrueuses, et les ai
fait portraire au plus près du vif[b], ainsi que tu
peux voir par ces figures.

a. *Vertu expultrice* : puissance d'expurger.
b. *Portraire au plus près du vif* : portraiturer au plus près de
la réalité.

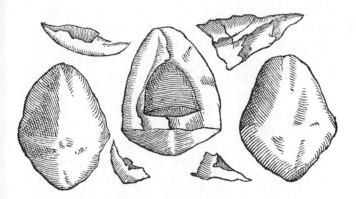

*Figures de trois Pierres extraites à une fois
sans intervalle de temps de la vessie
d'un appelé Tire-vit, l'une desquelles est brisée.*

Davantage, je puis ici attester que j'en ai trouvé, dedans les reins des corps morts, de plusieurs figures, comme de cochons, de chiens, et autres diverses figures, ce qui nous a été laissé par écrit des anciens.

Monsieur d'Alechamps récite en sa Chirurgie qu'il a vu un homme avoir une apostème sur les lumbes[a], dont après la suppuration icelle dégénéra en fistule, par laquelle jeta en diverses fois plusieurs pierres venant du rein, et endurait le travail[b] du cheval et des chariots.

Je fus un jour appelé avec Monsieur le Grand, Docteur Régent en la faculté de Médecine et Médecin ordinaire du Roi, homme savant et gran-

a. *Lumbes* : région lombaire.
b. *Travail* : souffrance, fatigue.

dement expérimenté, pour appliquer un Speculum ani[a] à une Dame d'honneur, qui était tourmentée d'extrêmes douleurs au ventre et au siège, toutefois sans aucune apparence de mal à la vue : qui fut cause qu'il lui ordonna certaines potions et clystères, avec l'un desquels jeta une pierre de grosseur d'un esteuf[b], et subit[c] ses douleurs furent cessées, et guérit.

Hippocrate écrit de la chambrière de Dysère, âgée de soixante ans, qui avait des douleurs comme si elle eût dû accoucher, dont une femme lui tira de la matrice une pierre âpre et dure, de la grandeur, grosseur et figure d'un peson de fuseau[d].

Jacques Hollier, Docteur Régent en la faculté de Médecine à Paris, écrit qu'une femme, après avoir été tourmentée d'une difficulté d'urine par l'espace de quatre mois, enfin mourut : laquelle ayant été ouverte, furent trouvées en la substance du cœur deux assez grosses pierres, avec plusieurs petites apostèmes[e], étant les reins et les pores uretères et la vessie sains et entiers.

L'an mil cinq cent cinquante-huit, fus appelé de Jean Bourlier, maître-tailleur d'habits, demeurant rue saint Honoré, pour lui ouvrir une apostème aqueuse qu'il avait au genou : en laquelle trouvai une pierre de la grosseur d'une amende, fort blanche,

a. *Speculum ani* : instrument qui dilate l'anus pour permettre l'examen du rectum.

b. *Esteuf* : petite balle pour le jeu de paume.

c. *Subit* : aussitôt.

d. *Peson de fuseau* : morceau de plomb que l'on met au bout du fuseau.

e. *Apostèmes* : abcès.

dure et polie, et guérit, et encore est à présent vivant.

Une Dame de notre Cour fut longuement et extrêmement malade, sentant douleur au ventre, avec grandes espreintes[a], étant pansée[b] par plusieurs Médecins, lesquels ignoraient le lieu de la douleur. On m'envoya quérir pour savoir si je pourrais connaître la cause de son mal. Par l'ordonnance des Médecins[1] lui regardai au siège et à la matrice avec instruments propres à ce faire, et pour tout cela ne pus connaître son mal. Monsieur le Grand lui ordonna un clystère, et en le rendant jeta une pierre par le siège, de la grosseur d'une grosse noix ; et tout subit ses douleurs et autres accidents cessèrent, et depuis s'est bien portée[2]. Semblable chose est arrivée à la dame de saint Eustache, demeurant au carrefour de la rue de la Harpe.

Le Capitaine Augustin, Ingénieur[c] du Roi, m'envoya quérir avec monsieur Violaine, docteur Régent en la faculté de Médecine, et Claude Viard, Chirurgien Juré à Paris, pour lui extraire une pierre qu'il avait sous la langue, de longueur de demi doigt et grosse d'un tuyau de plume. Il en a encore une, qu'on ne peut bien encore détacher.

Or, pour le dire en un mot, les pierres se peuvent engendrer en toutes les parties de notre corps, tant intérieures qu'extérieures. Qu'il soit vrai[d], on

a. *Espreintes* : envies fréquentes et douloureuses d'aller à la selle.
b. *Pansée* : traitée.
c. *Ingénieur* : spécialiste des fortifications.
d. *Qu'il soit vrai* : pour preuve que c'est vrai.

en voit être engendrées aux jointures des goutteux.
Antonius Benivenius, Médecin Florentin[1], au livre I,
chap. 24, dit qu'un nommé Henry Alleman jeta
une pierre de grosseur d'une avelaine[a] en toussant.

CHAPITRE XVI

DE CERTAINES CHOSES ÉTRANGES
QUE NATURE REPOUSSE
PAR SON INCOMPRÉHENSIBLE
PROVIDENCE

Antonius Benivenius, Médecin de Florence, écrit
qu'une certaine femme avala une aiguille d'airain,
sans avoir senti aucune douleur l'espace d'un an :
lequel étant passé, lui survint grande douleur au
ventre, et pour ce eut l'opinion de plusieurs Médecins touchant cette douleur, sans leur faire mention de cette aiguille qu'elle avait avalée ; toutefois
aucun ne lui sut donner allégement, et vécut ainsi
l'espace de deux ans[2] ; lors tout à coup par un
petit trou près le nombril ladite aiguille sort, et fut
guérie en peu de temps.

Un Écolier nommé Chambellant, natif de Bourges,
étudiant à Paris au collège de Presle, avala un épi
d'herbe nommé Gramen, lequel sortit quelque
temps après entre les côtes tout entier, dont il en
cuida[b] mourir ; et fut pansé par défunt monsieur

a. *Avelaine* : sorte de grosse noisette.
b. *Cuida* : pensa.

Fernel[1], et monsieur Huguet, Docteurs en la faculté de Médecine. Il me semble que c'était forfait[a] à Nature d'avoir expulsé ledit épi de la substance des poumons, avoir fait ouverture à la membrane pleurétique et aux muscles qui sont entre les côtes ; et néanmoins reçut guérison, et crois qu'il soit encore vivant.

Cabrolle[2], Chirurgien de monsieur le Maréchal d'Anville, naguère m'a certifié que François Guillemet, Chirurgien de Sommières, petite ville à quatre lieues près de Montpellier, avait pansé et guéri un berger, auquel des voleurs avaient fait avaler un couteau de longueur d'un demi pied, et le manche était de corne, de grosseur d'un pouce, qui fut l'espace de six mois en son corps, se plaignant grandement, et devint hectique[b], sec et émacié ; enfin lui survint une apostème[c] au-dessous de l'aine, jetant grande quantité de pus fort puant et infect, par laquelle en présence de la Justice fut tiré ledit couteau, lequel monsieur Joubert, Médecin célèbre à Montpellier[3], garde en son cabinet, comme une chose admirable, digne de grande mémoire, et monstrueuse. Ce que pareillement Jacques Guillemeau[4], Chirurgien Juré à Paris, m'a affirmé avoir vu au cabinet de monsieur Joubert, pour lors étant à Montpellier.

Monsieur de Rohan avait un fol[d] nommé Guion, qui avala la pointe d'une épée tranchante, de lon-

a. *Forfait* : du verbe *forfaire*, agir contre la règle, manquer à son devoir.

b. *Hectique* : étique, très maigre.

c. *Apostème* : abcès.

d. *Fol* : bouffon.

gueur de trois doigts ou environ, et douze jours après la jeta par le siège, et ne fut sans lui advenir de grands accidents, toutefois réchappa : il y a des gentilshommes de Bretagne encore vivants qui la lui virent avaler.

On a vu aussi à certaines femmes, l'enfant étant mort dans leur matrice, les os sortir par l'ombilic, et la chair par pourriture être jetée par le col de leur matrice et par le siège, s'étant fait abcès : ce que deux Chirurgiens célèbres et dignes de foi m'ont certifié avoir vu à deux diverses femmes. Pareillement monsieur d'Alechamps en sa *Chirurgie Française*, récite qu'Albucrasis[1] avait traité une Dame de même chose, dont l'issue fut bonne, ayant recouvert sa santé, toutefois sans porter enfants depuis.

Semblablement est une chose bien monstrueuse de voir une femme, d'une suffocation de matrice[2] être trois jours sans se mouvoir, sans apparence de respirer, sans apparente pulsation d'artère : dont quelques-unes ont été enterrées vives, pensant leurs amis qu'elles fussent mortes.

Monsieur Fernel écrit d'un certain adolescent, lequel, après avoir pris grand exercice, commença à toussir[a] jusqu'à tant qu'il eût jeté une apostème entière, de la grosseur d'un œuf, laquelle étant ouverte fut trouvée pleine de boue blanche enveloppée en une membrane. Icelui, ayant craché le sang par deux jours, avec une grande fièvre, toutefois réchappa.

L'enfant d'un marchand drapier nommé de-Pleurs,

---

a. *Toussir* : tousser.

demeurant au coin de la rue neuve notre Dame de Paris, âgé de vingt-deux mois, avala une pièce d'un miroir d'acier, qui descendit en la bourse[a] et fut cause de sa mort. Étant décédé, fut ouvert en la présence de monsieur le Gros, Docteur Régent en la faculté de Médecine à Paris, et l'ouverture faite par maître Baltazar, Chirurgien pour lors de l'Hôtel-Dieu ; curieux de la vérité, m'en allai parler à la femme dudit de-Pleurs, laquelle m'affirma la chose être vraie, et me montra la pièce de miroir qu'elle portait en sa bourse, qui était de telle figure et grandeur.

Figure d'une pièce de miroir
qu'avala un enfant âgé de vingt-deux mois,
qui fut cause de sa mort.

Valescus de Tarente Médecin, en ses Observations médicinales et exemples rares, dit qu'une jeune fille Vénitienne avala une aiguille en dormant, de la longueur de quatre doigts, et dix mois après la jeta par la vessie avec l'urine[1].

L'an 1578, au mois d'Octobre, Tiennette Chartier, demeurant à saint Maur les Fossés, femme veuve âgée de quarante ans, étant malade d'une fièvre tierce vomit au commencement de son accès

a. *Bourse* : enveloppe des testicules.

grande quantité d'humeur[a] bilieux, avec lequel
elle rejeta trois vers, qui étaient velus et du tout[b]
semblables en figure, couleur, longueur et grosseur à chenilles, sinon qu'ils étaient plus noirs,
lesquels depuis vécurent huit jours et plus, sans
aucun aliment. Et furent iceux apportés par le
Barbier dudit saint Maur à Monsieur Milot, Docteur et Lecteur des écoles en Médecine, qui pansait[c]
lors ladite Chartier, lequel me les montra. Messieurs le Fèvre, le Gros, Marescot, et Courtin, Docteurs en Médecine, les ont aussi vus.

Je ne puis encore passer que ne récite[d] cette histoire prise aux *Chroniques* de Monstrelet[1], d'un
franc-Archer[e] de Meudon près Paris, qui était prisonnier au Châtelet pour plusieurs larcins, dont
il fut condamné d'être pendu, et étranglé ; il en
appela en la Cour de Parlement, et par icelle Cour
fut déclaré être bien jugé et mal appelé. En même
jour fut remontré au Roi par les Médecins de
la ville que plusieurs étaient fort travaillés et
molestés[f] de pierre, colique passion[g], et maladie
de côté, dont était fort molesté ledit Franc-Archer,
et aussi desdites maladies était fort molesté Monseigneur de Boscage[2], et qu'il serait fort requis de
voir les lieux où lesdites maladies sont concréées[h]

a. *Humeur* : substance liquide.
b. *Du tout* : tout à fait.
c. *Pansait* : traitait.
d. *Récite* : raconte.
e. *Franc-Archer* : roturier dispensé de l'impôt en échange de
son engagement comme archer dans l'armée royale.
f. *Molestés* : tourmentés.
g. *Colique passion* : douleur dans le côlon, colique.
h. *Concréées* : formées.

dedans les corps humains, laquelle chose ne pouvait être mieux sue qu'en incisant le corps d'un homme vivant : ce qui pouvait être bien fait en la personne d'icelui Franc-Archer, qui aussi bien était prêt de souffrir la mort ; laquelle ouverture fut faite au corps dudit Franc-Archer, et dedans icelui quis[a] et regardé le lieu desdites maladies, et après qu'ils eurent été vus, fut recousu, et ses entrailles remises dedans. Et par l'ordonnance du Roi fut bien pansé, tellement que dedans quelques jours il fut bien guéri, et eut sa rémission et lui fut donné avec ce argent.

CHAPITRE XVII

DE PLUSIEURS AUTRES CHOSES ÉTRANGES

Alexandre Benedict récite en sa Pratique[1] avoir vu une femme nommée Victoire, laquelle avait perdu toutes ses dents, et étant devenue chauve, autres dents lui revinrent toutes en l'âge de quatre-vingts ans. Antonius Benivenius, Médecin, au livre I, chapitre LXXXIII, fait mention d'un nommé Jacques le larron, lequel étant décédé lui fut trouvé le cœur tout couvert de poil. Estienne Tessier, maître Barbier Chirurgien demeurant à Orléans, homme de bien, expérimenté en son art, m'a récité que depuis peu de temps avait pansé[b] et médica-

a. *Quis* : recherché.
b. *Pansé* : traité.

menté Charles Verignel sergent demeurant à
Orléans, d'une plaie qu'il avait reçue au jarret,
partie dextre[a], avec incision totale des deux
tendons qui fléchissent le jarret, et pour l'habiller[b]
lui fit fléchir la jambe, en sorte qu'il cousit les deux
tendons bout à bout l'un de l'autre, et la situa et
traita si bien, que la plaie fut consolidée sans être
demeuré boiteux : chose digne d'être bien notée au
jeune Chirurgien, afin que, lorsqu'il lui viendra
entre ses mains telle chose, il en face le semblable.

Que dirai-je davantage? C'est que j'ai vu plusieurs guéris, ayant des coups d'épées, de flèches,
d'arquebuse au travers du corps ; d'autres, des
plaies à la tête, avec déperdition de la substance du
cerveau ; autres avoir les bras et les jambes empor-
tées de coups de canon, néanmoins recevoir guérison ; et d'autres qui n'avaient que de petites plaies
superficielles, que l'on estimait n'être rien, toutefois mouraient avec grands et cruels accidents.
Hippoc., au cinquième[c] des Épidémies, dit avoir
arraché six ans après un fer de flèche qui était
demeuré au profond de l'aine, et n'en rend autre
cause de cette longue demeure, sinon qu'il était
demeuré entre les nerfs, veines et artères sans en
blesser une seule. Et pour conclusion je dirai avec
Hippocrate (père et auteur de la Médecine) qu'aux
maladies il y a quelques choses de divin, dont
l'homme n'en saurait donner raison. Je ferais ici
mention de plusieurs autres choses monstrueuses,

a. *Dextre* : droite.
b. *Habiller* : opérer, rétablir.
c. *Cinquième* : cinquième livre de son traité sur les épidémies.

qui se font aux maladies, n'était que je crains d'être
trop prolixe et répéter une chose trop de fois.

CHAPITRE XVIII

EXEMPLE DES MONSTRES
QUI SE FONT PAR CORRUPTION
ET POURRITURE

Boaistuau en ses *Histoires prodigieuses* écrit
que, lui étant en Avignon, un artisan ouvrant un
cercueil de plomb d'un mort, bien couvert et
soudé, de façon qu'il n'y avait aucun air, fut mordu
d'un serpent qui était enclos dedans, la morsure
duquel était si vénéneuse qu'il en cuida[a] mourir.
L'on peut bien donner raison de la naissance et de
la vie de cet animal : c'est qu'il fut engendré de la
pourriture du corps mort.

Baptiste Léon[1] écrit pareillement que, du temps
du Pape Martin cinquième, fut trouvé en une
grande pierre solide un serpent vif enclos, n'y
ayant aucune apparence de vestige[b] par lequel il
dut respirer. En cet endroit je veux réciter une
semblable histoire : étant en une mienne vigne
près le village de Meudon[2], où je faisais rompre de
bien grandes et grosses pierres solides, on trouva
au milieu de l'une d'icelles un gros crapaud vif,
et n'y avait aucune apparence d'ouverture, et
m'émerveillai comme cet animal avait pu naître,

a. *Cuida* : pensa.
b. *Vestige* : trace, passage.

croître et avoir vie. Lors le carrier me dit qu'il ne s'en fallait émerveiller, parce que plusieurs fois il avait trouvé de tels, et autres animaux au profond des pierres, sans apparence d'aucune ouverture. On peut aussi donner raison de la naissance et vie de ces animaux : c'est qu'ils sont engendrés de quelque substance humide des pierres, laquelle humidité putréfiée produit telles bêtes.

CHAPITRE XIX

EXEMPLE DE LA COMMIXTION[a]
ET MÉLANGE DE SEMENCE

Il y a des monstres qui naissent moitié de figure de bêtes, et l'autre humaine, ou du tout retenant des animaux[b], qui sont produits des Sodomites et Athéistes qui se joignent et débordent[c] contre nature avec les bêtes, et de là s'engendrent plusieurs monstres hideux et grandement honteux à voir et à en parler ; toutefois la déshonnêteté gît en effet[d] et non en paroles, et est, lorsque cela se fait, une chose fort malheureuse et abominable, et grand horreur à l'homme ou à la femme se mêler et accoupler avec les bêtes brutes : et partant aucuns[e] naissent demi hommes et demi bêtes. Le

a. *Commixtion* : mélange.
b. *Du tout retenant des animaux* : tenant complètement de l'animal.
c. *Débordent* : s'abandonnent à des débordements.
d. *En effet* : dans les actes.
e. *Aucuns* : certains.

semblable se fait, si bêtes de diverses espèces cohabitent les unes avec les autres, à cause que Nature tâche toujours à faire son semblable, comme il s'est vu un agneau ayant la tête d'un porc, parce qu'un verrat avait couvert la brebis : car nous voyons même aux choses inanimées, comme d'un grain de froment, venir non l'orge, mais le froment, et du noyau d'abricot venir un abricotier, et non le pommier, parce que Nature garde toujours son genre et espèce.

L'an 1493, un enfant fut conçu et engendré d'une femme et d'un chien, ayant depuis le nombril les parties supérieures semblables à la forme et figure de la mère, et était bien accompli, sans

Figure d'un enfant demi chien.

que Nature y eut rien omis ; et depuis le nombril avait toutes les parties inférieures semblables aussi à la forme et figure de l'animal, qui était le père, lequel (ainsi que Volateranus[1] écrit) fut envoyé au Pape qui régnait en ce temps-là. Cardan, livre 14, chap. 64 de la variété des choses, en fait mention[2].

Caelius Rhodiginus, en ses antiques Leçons, dit qu'un pasteur[a] nommé Cratain en Cybare[3], ayant exercé avec une de ses chèvres son désir brutal, la chèvre chevreta[b] quelque temps après un chevreau qui avait la tête de figure humaine, et semblable au pasteur ; mais le reste du corps semblait à la chèvre.

Figure d'un Cochon, ayant la tête,
pieds et mains d'homme, et le reste de cochon.

a. *Pasteur* : berger.
b. *Chevreta* : donna naissance (pour une chèvre).

L'an onze cent et dix, une truie en un bourg du Liège cochonna[a] un cochon ayant la tête et le visage d'homme, semblablement les mains et les pieds, et le reste comme un cochon.

L'an 1564, à Bruxelles, au logis d'un nommé Joest Dickpeert, demeurant rue Warmoesbroeck, une truie cochonna six cochons, desquels le premier était un monstre ayant face d'homme, ensemble bras et mains, représentant l'humanité généralement depuis les épaules, et les deux jambes et train de derrière de pourceau, ayant la nature de truie ; il tétait comme les autres, et vécut deux jours, puis fut tué avec la truie, pour l'horreur qu'en avait le peuple : dont tu as ici le portrait qui t'est représenté le plus naturellement qu'il est possible.

*Figure d'un monstre demi homme
et demi pourceau.*

a. *Cochonna* : donna naissance (pour une truie).

L'an 1571, à Anvers, la femme d'un compagnon Imprimeur nommé Michel, demeurant au logis de Jean Mollin, tailleur d'Histoires[a], à l'enseigne du pied d'or, à la Camerstrate, le propre jour saint Thomas, sur les dix heures du matin, accoucha d'un monstre représentant la figure d'un vrai chien, excepté qu'il avait le col fort court, et la tête ni plus ni moins qu'une volaille, toutefois sans poil ; et n'eut point de vie, parce que ladite femme accoucha avant terme ; et à l'heure même de son enfantement, jetant un horrible cri (chose émerveillable), la cheminée du logis chut par terre, sans aucunement offenser[b] quatre petits enfants qui étaient à l'entour du foyer ; et, parce que c'est une chose récente, il m'a semblé bon d'en donner ici le portrait.

*Portrait prodigieux d'un monstre chien, ayant la
tête semblable à une volaille.*

a. *Tailleur d'Histoires* : graveur.
b. *Offenser* : blesser.

Loys Cellee[1] écrit avoir lu en un auteur approuvé qu'une brebis conçut et agnela[a] d'un Lion, chose monstrueuse en nature.

Le 13 jour d'Avril 1573, un Agneau naquit en un lieu nommé Chambenoist, faubourg de Sézanne, en la maison de Jean Poulet, mesureur de sel[2] ; et ne fut connu en cet Agneau vie, sinon qu'il fut vu remuer bien peu ; sous les oreilles y avait une embouchure approchant de la forme d'une lamproie : la figure duquel est telle que tu vois.

Figure d'un Agneau monstrueux.

a. *Agnela* : donna naissance (pour une brebis).

Cette année présente mil cinq cent soixante et dix-sept, naquit un agneau au village nommé Blandy, une lieue et demie près Melun, ayant trois têtes en une : celle du milieu était plus grosse que les deux autres, et, quand une desdites têtes bêlait, les autres faisaient le semblable. Maître Jean Bellanger, Chirurgien, demeurant en la ville de Melun, affirme l'avoir vu et en a fait portraire la figure, laquelle a été criée[a] et vendue par cette ville de

La Figure d'un Agneau ayant trois têtes.

a. *Criée* : annoncée publiquement.

Paris, avec privilège[a], avec deux autres monstres, l'un de deux filles jumelles, et un autre ayant la face d'une grenouille, qui a été ci-devant figuré[1].

Il y a des choses divines, cachées et admirables aux monstres, principalement à ceux qui adviennent du tout contre nature : car à iceux les principes de Philosophie faillent[b], partant on n'y peut asseoir certain jugement. Aristote, en ses Problèmes, dit qu'il se fait des monstres en nature à cause de la mauvaise disposition de la matrice, et cours de certaines constellations. Ce qui advint du temps d'Albert[2] en une métairie, qu'une vache fit un veau demi-homme : de quoi les villageois se doutant[c] du pasteur[d], l'accusèrent en jugement, prétendant le faire brûler avec ladite vache ; mais Albert, pour avoir fait plusieurs expériences en Astronomie, connaissait, disait-il, la vérité du fait, et dit cela être advenu par une spéciale constellation, de sorte que le pasteur fut délivré et purgé de l'imposition[e] de tel exécrable crime. Je doute fort si le jugement du seigneur Albert était bon[3].

Or je délaisse ici à écrire plusieurs autres monstres engendrés de cette farine, ensemble leurs portraits, lesquels sont si hideux et abominables, non seulement à voir, mais aussi d'en ouïr parler, que pour leur grande détestation ne les ai voulu réciter[f], ni faire portraire. Car (comme dit

a. *Privilège* : autorisation officielle.
b. *Faillent* : échouent, ne permettent pas d'en rendre compte.
c. *Se doutant* : soupçonnant.
d. *Pasteur* : berger.
e. *Purgé de l'imposition* : lavé de l'accusation.
f. *Réciter* : raconter.

Boaistuau, après avoir récité plusieurs histoires
sacrées et profanes, qui sont toutes remplies de
grièves peines[a] sur les paillards) que doivent espé-
rer les Athéistes et Sodomites, qui se joignent
contre Dieu et Nature (comme j'ai dit ci-dessus)
avec les bêtes brutes? À ce propos saint Augustin[1]
dit la peine des paillards être de tomber en aveuglement, et devenir enragés après qu'ils sont délaissés
de Dieu, et ne voir point leur aveuglement, ne
pouvant écouter bon conseil, provoquant l'ire de
Dieu contre eux.

CHAPITRE XX

EXEMPLE DE L'ARTIFICE
DES MÉCHANTS GUEUX
DE L'OSTIÈRE[b]

J'ai souvenance, étant à Angers, mil cinq cent
vingt-cinq[2], qu'un méchant coquin avait coupé le
bras d'un pendu, encore puant et infect, lequel il
avait attaché à son pourpoint, étant appuyé d'une
fourchette[c] contre son côté, et cachait son bras
naturel derrière son dos, couvert de son manteau,
afin qu'on estimât que le bras du pendu était le
sien propre, et criait à la porte du temple qu'on lui
donnât l'aumône en l'honneur de saint Antoine[3].
Un jour du Vendredi saint, le monde, voyant ainsi

a. *Grièves peines* : lourds châtiments.
b. *Gueux de l'ostière* : gueux qui mendient de porte à porte.
c. *Fourchette* : bâton fourchu.

le bras pourri, lui faisait aumône, pensant qu'il fût vrai. Le coquin ayant par longue espace de temps remué ce bras, enfin se détacha et tomba en terre, où tout subit[a] le relevant, fut aperçu de quelques-uns avoir deux bons bras, sans celui du pendu ; alors fut mené prisonnier, puis condamné à avoir le fouet, par l'ordonnance du Magistrat, ayant le bras pourri pendu à son col, devant son estomac, et banni à jamais hors du pays.

CHAPITRE XXI

L'IMPOSTURE D'UNE BÉLÎTRESSE[b] FEIGNANT AVOIR UN CHANCRE EN LA MAMELLE

Un mien frère nommé Jehan Paré[1], Chirurgien demeurant à Vitré, ville de Bretagne, vit une grosse et potelée cagnardière[c], demandant l'aumône à la porte d'un temple un dimanche, laquelle feignait avoir un chancre à la mamelle, qui était une chose fort hideuse à voir, à cause d'une grande quantité de boue[d] qui semblait en découler sur un linge qu'elle avait devant soi. Mondit frère, contemplant sa face, qui était d'une vive couleur, montrant être bien saine, et les parties d'autour son chancre ulcéré blanches et de bonne couleur, et le reste de

a. *Subit* : subitement.
b. *Bélîtresse* : coquine, gueuse.
c. *Cagnardière* : paresseuse, gueuse.
d. *Boue* : pus.

son corps bien habitué[a], jugea en soi-même que cette garce[b] ne pouvait avoir chancre, étant ainsi grasse, potelée et goujue[c], s'assurant que c'était une imposture : ce qu'il dénonça au Magistrat (dit en ce pays-là l'Aloué), lequel permit à mondit frère la faire mener en son logis pour connaître plus certainement l'imposture. Laquelle y étant arrivée, lui découvrit toute sa poitrine, et trouva qu'elle avait sous son aisselle une éponge trempée et imbue[d] de sang de bête et de lait mêlés ensemble, et un petit tuyau de sureau, par lequel cette mixtion était conduite par des faux trous de son chancre ulcéré, découlant sur le linge qu'elle avait devant soi, et par cela connut pour certain que le chancre était artificiel. Alors prit de l'eau chaude et fomenta[e] la mamelle, et, l'ayant humectée, leva plusieurs peaux de grenouilles noires, vertes et jaunâtres, mises les unes sur les autres, collées avec bol armène[f] et blanc d'œuf et farine, ce que l'on sut par sa confession ; et les ayant toutes levées, on trouva le tétin sain et entier, et en aussi bonne disposition que l'autre. Cette imposture découverte, ledit Aloué la fit constituer prisonnière, et, étant interrogée, confessa l'imposture et dit que ç'avait été son gueux qui l'avait ainsi accoutrée, lequel semblablement feignait avoir une ulcère grande et

a. *Bien habitué* : en bonne santé.
b. *Garce* : fille.
c. *Goujue* : robuste.
d. *Imbue* : imbibée.
e. *Fomenta* : fit des compresses.
f. *Bol armène* : bol d'Arménie, terre rougeâtre, tonique et astringente.

énorme à la jambe, ce qui semblait être vrai par le
moyen d'une rate de bœuf qu'il posait le long et
autour de sa jambe, attachée et fenêtrée[a] bien proprement, avec vieux drapeaux[b] aux deux extrémités, de façon qu'elle semblait être plus grosse
deux fois que la naturelle ; et, pour faire la chose
plus monstrueuse et hideuse à voir, faisait plusieurs cavités en ladite rate et par-dessus jetait de
cette mixtion faite de sang et de lait, et sur tous
ses drapeaux. Ledit Aloué fit chercher ce maître-
gueux, larron, imposteur, lequel ne put être trouvé,
et condamna la pute à avoir le fouet, et bannie
hors du pays : qui ne fut sans être auparavant bien
étrillée à coups de fouet de cordes nouées, ainsi
qu'on faisait en ce temps-là.

CHAPITRE XXII

L'IMPOSTURE
D'UN CERTAIN MARAUD
QUI CONTREFAISAIT LE LADRE[c]

Un an après vint un gros maraud qui, contrefaisant le ladre, se mit à la porte du temple, déployant
son oriflan[d], qui était un couvre-chef, sur lequel
posa son baril, et plusieurs espèces de petite monnaie, tenant en sa main dextre des cliquettes[1], les

a. *Fenêtrée* : aménagée avec des ouvertures.
b. *Drapeaux* : linges.
c. *Ladre* : lépreux.
d. *Oriflan* : oriflamme, étendard.

faisant cliqueter assez haut, sa face couverte de gros boutons faits de certaine colle forte, et peinte d'une façon rougeâtre et livide, approchant à la couleur des ladres, et était fort hideux à voir : ainsi par compassion chacun lui faisait aumône. Mondit frère s'approcha de lui, et lui demanda depuis quel temps il était ainsi malade ; lui répondit, d'une voix cassée et rauque, qu'il était ladre dès le ventre de sa mère, et que ses père et mère en étaient morts, et que leurs membres leur en étaient tombés par pièces. Ce ladre avait certaine lisière[a] de drap entortillée autour de son col, et, par-dessous son manteau, de sa main senestre, se serrait la gorge, afin de se faire monter le sang à la face, pour la rendre encore plus hideuse et défigurée, et aussi pour faire sa voix enrouée, qui se faisait par l'angustie[b] et stricture[c] de la trachée artère serrée par la lisière. Mondit frère étant ainsi à deviser avec lui, le ladre ne put si long-temps demeurer qu'il ne desserrât sa lisière, pour reprendre un peu son haleine : ce que mondit frère aperçut, et par ainsi eut soupçon que ce fût quelque fausseté et imposture. Par quoi s'en alla vers le Magistrat, le priant lui vouloir tenir la main pour en savoir la vérité : ce que volontiers lui accorda, commandant qu'il fût mené en sa maison pour éprouver s'il était ladre. La première chose qu'il fit, ce fut de lui ôter la ligature d'autour du col, puis lui laver la face avec de l'eau chaude, et

a. *Lisière* : bande.
b. *Angustie* : étroitesse.
c. *Stricture* : resserrement.

par icelle tous ses boutons se détachèrent et tombèrent, et la face demeura vive et naturelle sans
nul vice. Cela fait, le fit dépouiller nu, et ne trouva
sur son corps aucun signe de lèpre, tant univoque
que équivoque. Le Magistrat, étant adverti de ce,
le fit constituer prisonnier, et trois jours après fut
interrogé : où il confessa la vérité (qu'il ne pouvait
nier) après une longue remontrance que lui fit le
Magistrat, lui mettant devant les yeux qu'il était
un larron du peuple, étant sain et entier pour travailler. Ce ladre lui dit qu'il ne savait métier autre
que de contrefaire ceux qui sont travaillés du mal
S. Jehan, S. Fiacre, S. Main[1] ; bref, qu'il savait
contrefaire plusieurs maladies, et qu'il n'en avait
jamais trouvé de plus grand revenu que contrefaire le ladre ; alors fut condamné d'avoir le fouet
par trois divers samedis, ayant son baril pendu au
col devant sa poitrine et ses cliquettes derrière son
dos, et banni à jamais hors du pays sur peine de la
hart[a]. Quand ce vint au dernier samedi, le peuple
criait à haute voix au bourreau : « Boute[b], boute,
monsieur l'officier, il n'en sent rien, c'est un ladre » ;
dont à la voix du peuple, monsieur le bourreau
s'acharna tellement à le fouetter que peu de temps
après il mourut, tant pour le fouet dernier, que pour
lui avoir renouvelé ses plaies par trois diverses fois,
chose qui ne fut grandement dommageable pour
le pays.

Les uns demandent à loger et à être à couvert au
soir ; et, les ayant par pitié mis au-dedans, ouvrent

a. *Hart* : corde utilisée pour la pendaison.
b. *Boute* : pousse, frappe.

les portes et donnent entrée à leurs compagnons, lesquels pillent et souvent tuent ceux qui les auront hébergés : ainsi un homme de bien sous bonne foi[a] souvent sera tué et pillé de tels méchants, ce qu'on a vu plusieurs fois.

Autres s'enveloppent la tête de quelque méchant drapeau[b], et se couchent dedans le fient[c] en certains lieux où le monde passe, demandant l'aumône avec une voix basse et tremblante, comme ceux qui ont un commencement de fièvre : et ainsi contrefaisant être bien malades, le monde en ayant pitié leur donne, et cependant n'ont aucun mal.

Ils ont un certain jargon par lequel ils se connaissent et entendent les uns les autres pour mieux décevoir[d] le monde, et sous ombre[e] de compassion on leur donne l'aumône, qui les entretient en leur méchanceté et imposture.

Les femmes feignent être grosses, voire prêtes d'accoucher, posant un oreiller de plume sur le ventre, demandant du linge, et autres choses nécessaires pour leurs couches : ce qu'encore naguère j'ai découvert en cette ville de Paris.

Autres se disent être ictériques et avoir la jaunisse, se barbouillant tout le visage, bras, jambes et poitrine, avec de la suie délayée en eau ; mais telle imposture est aisée à découvrir, regardant seulement le blanc de leurs yeux : car c'est la partie du corps où ladite jaunisse se montre première-

a. *Sous bonne foi* : faisant confiance.
b. *Drapeau* : linge.
c. *Fient* : fiente.
d. *Décevoir* : tromper.
e. *Sous ombre* : sous prétexte.

ment ; autrement, leur frottant le visage avec un linge trempé en eau, leur fallace[a] est découverte. Certes tels larrons, bélîtres[b] et imposteurs, pour vivre en oisiveté, ne veulent jamais apprendre autre art que telle mendicité : qui à la vérité est une école de toute méchanceté, car quels personnages saurait-on trouver plus propres pour exercer maque-rellages, semer poisons par les villages et villes, pour être boutefeux[c], pour faire trahisons et servir d'espions, pour dérober, brigander, et toute autre méchante pratique? Car, outre ceux qui ont été meurtriers d'eux-mêmes et qui ont cautérisé et stigmatisé leurs corps, ou qui ont usé d'herbes et drogues, pour rendre leurs plaies et corps plus hideux, il s'en est trouvé qui ont dérobé de petits enfants et leur ont rompu les bras et jambes, crevé les yeux, coupé la langue, pressé et enfoncé la poi-trine, disant que la foudre les avait ainsi meurtris, pour (les portant parmi le monde) avoir couleur de mendier et attraper deniers.

Autres prennent deux petits enfants et les mettent en deux paniers sur un âne, criant qu'ils ont été expoliés[d], et leur maison brûlée. Autres prennent une panse de mouton l'appropriant[e] sur le bas du ventre, disant être rompus et grevés[f], et qu'il les convient tailler, et amputer leurs testi-cules. Autres cheminent sur deux petites tablettes,

a. *Fallace* : tromperie.
b. *Bélîtres* : mendiants, gueux.
c. *Boutefeux* : incendiaires.
d. *Expoliés* : dépouillés.
e. *Appropriant* : adaptant.
f. *Grevés* : blessés, souffrants.

qui peuvent voltiger et faire soubresauts autant
bien qu'un bateleur. Autres feignent venir de Jérusalem, rapportant quelques bagatelles pour reliques,
et les vendent aux bonnes gens de village. Autres
ont une jambe pendue à leur col. Autres contrefont être aveugles, sourds, impotents, cheminant à
deux potences[a], au demeurant bons compagnons[1].

Que dirai-je plus ? C'est qu'ils départent[b] les provinces, pour en certain temps rapporter tout au
commun butin, feignant faire voyage à saint Claude,
saint Main, saint Maturin, saint Hubert[2], à notre
dame de Lorette, en Jérusalem, et sont ainsi
envoyés pour voir le monde, et apprendre, par lesquels mandent de ville en ville aux gueux leurs
compagnons en leur jargon ce qu'ils savent de
nouveau et qui concerne leur fait, comme de
quelque manière de faire nouvellement inventée
pour attraper monnaie.

Puis naguère un gros maraud feignait être sourd,
muet et boiteux ; toutefois, par le moyen d'un instrument d'argent qu'il disait avoir eu en Barbarie[3]
(marqué toutefois de la marque de Paris), il parlait
de façon qu'on le pouvait entendre. Il fut aperçu être
imposteur, et fut mis ès prisons de saint Benoît, et,
par la prière de monsieur le Bailli des pauvres,
j'allai auxdites prisons pour visiter ledit maraud
avec compagnie, et fîmes rapport à messieurs du
Bureau des pauvres de Paris, comme s'ensuit.

Nous, Ambroise Paré, Conseiller et premier
Chirurgien du Roi, Pierre Pygray, Chirurgien ordi-

---

a. *Potences* : béquilles.
b. *Département* : partagent, répartissent.

naire de sa Majesté, et Claude Viard, Chirurgien à
Paris[1], certifions ce jourd'hui, par la prière du
Procureur des pauvres, avoir vu et visité ès prisons
de S. Benoist un quidam, lequel n'a voulu dire son
nom, âgé de quarante ans ou environ, sur lequel
avons trouvé une tierce partie de l'oreille dextre
perdue, qui lui a été coupée. Semblablement une
marque sur l'épaule dextre, qu'estimons avoir été
faite par un fer chaud. Davantage contrefaisait un
grand tremblement de jambe, icelui disant provenir par une déperdition de l'os de la cuisse, qui
est chose fausse, d'autant que ledit os y est tout
entier ; et ne paraît aucun signe par quoi puissions
dire icelui tremblement venir d'aucune maladie
qui aurait précédé, mais provenir d'un mouvement
volontaire. Item avons visité sa bouche (à raison
qu'il[a] nous voulait suader[b] sa langue lui avoir été
tirée par la nuque du col, imposture grande et qui
ne se peut faire), mais avons trouvé sa langue
entière, sans aucune lésion d'icelle ni des instruments servant à son mouvement ; toutefois quand
il veut parler, il use d'un instrument d'argent,
lequel ne peut en rien y servir, ains[c] plutôt nuire à
la prolation[d]. Item dit être sourd, ce que n'est pas,
à raison que l'avons interrogé, savoir qui lui avait
coupé l'oreille ; il nous a répondu par signes qu'on
lui avait coupé avec les dents.

Après que lesdits seigneurs du Bureau eurent

a. *À raison que* : pour la raison que.
b. *Suader* : persuader.
c. *Ains* : mais.
d. *Prolation* : prononciation, articulation.

reçu ledit rapport par un crocheteur[a], firent apporter le vénérable imposteur à l'Hôpital saint Germain des Prés, et lui fut ôté son instrument d'argent. La nuit, passa par-dessus la muraille qui est assez haute, et de là s'en alla à Rouen, où il voulut user de son imposture, laquelle fut découverte ; et, étant appréhendé, fut fouetté, et banni hors de la duché de Normandie, sur peine de la hart ; et de ce m'en a assuré monsieur le Bailli des pauvres de cette dite ville.

CHAPITRE XXIII

D'UNE CAGNARDIÈRE[b]
FEIGNANT ÊTRE MALADE
DU MAL SAINT FIACRE[1],
ET LUI SORTAIT DU CUL
UN LONG ET GROS BOYAU,
FAIT PAR ARTIFICE

Monsieur Flecelle, Docteur en la faculté de Médecine[2], homme savant et bien expérimenté, me pria un jour l'accompagner au village de Champigny, deux lieues près de Paris, où il avait une petite maison, où étant arrivé, cependant qu'il se promenait en sa cour, vint une grosse garce en bon point, lui demandant l'aumône en l'honneur de monsieur saint Fiacre, levant sa cotte[c] et chemise,

a. *Crocheteur* : porteur.
b. *Cagnardière* : paresseuse, gueuse.
c. *Cotte* : jupe.

montrant un gros boyau de longueur d'un demi-
pied et plus, qui lui sortait hors du cul, duquel il
découlait une liqueur[a] semblable à de la boue
d'apostème[b], qui lui avait teint et barbouillé toutes
ses cuisses, ensemble sa chemise devant et derrière, de façon que cela était fort vilain et déshon-
nête à voir. L'ayant interrogée combien il y avait
de temps qu'elle avait ce mal, lui fit réponse qu'il y
avait environ quatre ans ; alors ledit Flecelle,
contemplant le visage et l'habitude[c] de tout son
corps, connut qu'il était impossible (étant ainsi
grasse et fessue) qu'il pût sortir telle quantité d'ex-
créments, qu'elle ne devînt émaciée, sèche et hectique[d] ; et alors d'un plein saut se jeta de grande
colère sur cette garce, lui donnant plusieurs coups
de pied [sur] le ventre, tellement qu'il l'atterra[e] et
lui fit sortir le boyau hors de son siège avec son et
bruit et autre chose, et la contraignit lui déclarer
l'imposture : ce qu'elle fit, disant que c'était un
boyau de bœuf noué en deux lieux, dont l'un des
nœuds était dans le cul, rempli de sang et de
lait mêlés ensemble, auquel avait fait plusieurs
trous, afin que cette mixtion découlât. Et derechef, connaissant cette imposture, lui donna plusieurs autres coups de pied dessus le ventre, de
sorte qu'elle feignait être morte. Lors étant entré
en sa maison pour appeler quelqu'un de ses gens,
feignant envoyer quérir des sergents pour la cons-

a. *Liqueur* : liquide.
b. *Boue d'apostème* : pus d'un abcès.
c. *Habitude* : état physique, complexion.
d. *Hectique* : étique, très maigre.
e. *Atterra* : renversa par terre.

tituer prisonnière, elle, voyant la porte de la cour ouverte, se leva subit en sursaut, ainsi que si elle n'eût point été battue, et se prit à courir, et jamais plus ne fut vue audit Champigny.

Et encore de fraîche mémoire vint une vilaine cagnardière, priant messieurs du Bureau des pauvres de Paris qu'elle fût mise à l'aumône, disant que par un mauvais enfantement sa matrice lui était tombée, qui était cause qu'elle ne pouvait gagner sa vie. Alors messieurs la firent visiter par les Chirurgiens commis à cette charge, et trouvèrent que c'était une vessie de bœuf, qui était demi-pleine de vent et barbouillée de sang, ayant attaché le col d'icelle vessie profondément au conduit de sa matrice bien proprement, par le moyen d'une éponge qu'elle avait mise à l'extrémité d'icelle vessie, laquelle étant imbue[a] s'enfle et grossit, qui était cause de la faire tenir, de façon qu'on ne lui pouvait tirer que par force, et ainsi marchait sans que ladite vessie pût tomber. Ayant découvert l'imposture, messieurs la firent constituer prisonnière, et ne sortit des prisons que premièrement le bourreau n'eût bien carillonné sur son dos, et après fut bannie à jamais hors de la ville de Paris.

a. *Imbue* : imbibée.

CHAPITRE XXIV

D'UNE GROSSE GARCE DE NORMANDIE, QUI FEIGNAIT AVOIR UN SERPENT DANS LE VENTRE

L'an 1561, vint en cette ville une grosse garce fessue, potelée et en bon point, âgée de trente ans ou environ, laquelle disait être de Normandie, qui s'en allait par les bonnes maisons des dames et damoiselles, leur demandant l'aumône, disant qu'elle avait un serpent dans le ventre, qui lui était entré étant endormie en une chenevière[a] ; et leur faisait mettre la main sur son ventre, pour leur faire sentir le mouvement du serpent, qui la rongeait et tourmentait jour et nuit, comme elle disait ; ainsi tout le monde lui faisait aumône par une grande compassion qu'on avait de la voir, joint qu'elle faisait bonne pipée[b]. Or, il y eut une damoiselle honorable et grande aumônière, qui la prit en son logis et me fit appeler (ensemble monsieur Hollier, Docteur Régent en la faculté de Médecine, et Germain Cheval[1], Chirurgien juré à Paris) pour savoir s'il y aurait moyen de chasser ce dragon hors le corps de cette pauvre femme ; et l'ayant vue, monsieur Hollier lui ordonna une médecine qui était assez gaillarde (laquelle lui fit faire plusieurs selles), tendant afin de faire sortir

a. *Chenevière* : champ où pousse le chanvre.
b. *Faisait bonne pipée* : prenait une mine trompeuse.

cette bête, néanmoins ne sortit point. Étant derechef rassemblés, conclûmes que je lui mettrais
un spéculum au col de la matrice : et partant fut
posée sur une table, où son enseigne[a] fut déployée,
pour lui appliquer le spéculum, par lequel je fis
assez bonne et ample dilatation, pour savoir si on
pourrait apercevoir queue ou tête de cette bête ;
mais il ne fut rien aperçu, excepté un mouvement
volontaire que faisait ladite garce par le moyen
des muscles de l'épigastre ; et ayant connu son
imposture, nous retirâmes à part, où il fut résolu
que ce mouvement ne venait d'aucune bête, mais
qu'elle le faisait par l'action desdits muscles. Et
pour l'épouvanter et connaître plus amplement la
vérité, on lui dit qu'on réitérerait à lui donner
encore une autre médecine beaucoup plus forte,
afin de lui faire confesser la vérité du fait ; et elle,
craignant reprendre une si forte médecine, étant
assurée qu'elle n'avait point de serpent, le soir
même s'en alla sans dire adieu à sa damoiselle,
n'oubliant à serrer ses hardes et quelques-unes de
la dite damoiselle : et voilà comme l'imposture fut
découverte. Six jours après, je la trouvai hors la
porte de Montmartre, sur un cheval de bât, jambe
deçà, jambe delà, qui riait à gorge déployée et
s'en allait avec les chasse-marées[b], pour avec eux
(comme je crois) faire voler son dragon[c] et retourner en son pays.

a. *Enseigne* : drapeau, médaille.
b. *Chasse-marées* : voituriers qui transportent le poisson de mer.
c. *Faire voler son dragon* : se mettre en campagne ; mais aussi : exciter le dragon qu'elle a dans le ventre.

Ceux qui contrefont les muets replient et retirent leur langue en la bouche ; aussi ceux qui contrefont le mal saint Jean[1] se font mettre des menottes aux mains, se vautrent et plongent en la fange et mettent du sang de quelque bête sur leur tête, disant qu'en leur débattant se sont ainsi blessés et meurtris[a] : étant tombés par terre, remuent les bras et jambes, et débattent tout le corps, et mettent du savon en leur bouche pour se faire écumer, ainsi que font les épileptiques en leur accès. Autres font une certaine colle avec farine délayée et la posent sur tout leur corps, criant qu'ils sont malades du mal saint Main[2]. Or longtemps y a que ces larrons imposteurs ont commencé le train[b] d'abuser le peuple, car ils étaient ja[c] dès le temps d'Hippocrate en l'Asie, comme il est écrit au livre de l'Air et des eaux[3] ; partant il les faut découvrir tant qu'il sera possible, et les déférer au Magistrat, à ce que punition en soit faite ainsi que l'énormité du cas le requiert.

a. *Meurtris* : blessés.
b. *Train* : manière de vivre.
c. *Ja* : déjà.

CHAPITRE XXV

EXEMPLE
DES CHOSES MONSTRUEUSES
FAITES PAR LES DÉMONS
ET SORCIERS

Il y a des sorciers et enchanteurs, empoisonneurs, vénéfiques[a], méchants, rusés, trompeurs,
lesquels font leur sort[b] par la paction[c] qu'ils ont
faite aux Démons, qui leur sont esclaves et vassaux.
Et nul ne peut être sorcier que premièrement n'ait
renoncé Dieu son créateur et sauveur, et pris
volontairement l'alliance et amitié du diable, pour
le reconnaître et avouer[d], au lieu du Dieu vivant,
et s'être donné à lui. Et ces manières de gens
qui deviennent sorciers, c'est par une infidélité et
défiance des promesses et assistance de Dieu ; ou
par mépris, ou pour une curiosité de savoir choses
secrètes et futures ; ou étant pressés d'une grande
pauvreté aspirant d'être riches. Or nul ne peut
nier, et n'en faut douter, qu'il n'y ait des sorciers :
car cela se prouve par autorité de plusieurs Docteurs et expositeurs[e] tant vieux que modernes, lesquels tiennent pour chose résolue qu'il y a des
sorciers et enchanteurs, qui, par moyens subtils,

a. *Vénéfiques* : qui empoisonnent par sortilège.
b. *Font leur sort* : jettent un sort maléfique.
c. *Paction* : pacte.
d. *Avouer* : reconnaître pour son seigneur.
e. *Expositeurs* : commentateurs.

diaboliques et inconnus, corrompent le corps, l'entendement, la vie et la santé des hommes et autres créatures, comme animaux, arbres, herbes, l'air, la terre et les eaux. Davantage l'expérience et la raison nous contraignent le confesser, parce que les lois ont établi des peines contre telles manières de gens. Or on ne fait point de loi d'une chose qui jamais ne fut vue, ni connue : car les droits tiennent les cas et crimes qui ne furent jamais vus ni aperçus pour chose impossible et qui ne sont point du tout. Devant la nativité de Jésus-Christ il s'en est trouvé, et bien longtemps auparavant, témoin Moïse, qui les a condamnés par le commandement exprès de Dieu, en Exode, chap. 22, au Lévitique, 19. Ochosias reçut sentence de mort par le Prophète, pour avoir eu recours aux sorciers et enchanteurs[1].

Les diables troublent l'entendement aux sorciers par diverses et étranges illusions, de sorte qu'ils cuident[a] avoir vu, ouï, dit, et fait ce que le diable leur représente en leur fantaisie, et qu'ils seront allés à cent lieues loin, voire même autres choses qui sont du tout[b] impossibles, non seulement aux hommes, mais aussi aux diables ; ce néanmoins ils ne seront bougés de leur lit, ou autre place. Mais le diable, puisqu'il a puissance sur eux, leur imprime tellement en la fantaisie les images des choses qu'il leur représente, et qu'il leur veut faire accroire comme vraies, qu'ils ne peuvent penser autrement qu'il ne soit ainsi et ne les aient faites et

a. *Cuident* : croient.
b. *Du tout* : tout à fait.

n'aient veillé cependant qu'ils dormaient. Telle chose se fait aux sorciers pour leur infidélité et méchanceté, qu'ils se sont donnés au Diable et ont renoncé[a] Dieu leur créateur.

Nous sommes enseignés par l'Écriture sainte qu'il y a des esprits bons et mauvais : les bons sont appelés Anges[1], et les mauvais, Démons ou Diables. Qu'il soit vrai, la Loi est baillée[b] par le ministère des Anges. Davantage il est écrit : « Nos corps ressusciteront au son de la trompette et à la voix de l'Archange. » Christ dit que Dieu enverra ses Anges qui recueilleront les élus des bouts du ciel[2]. Il se peut pareillement prouver qu'il y a des esprits malins appelés Diables. Qu'il soit ainsi, en l'histoire de Job le Diable fit descendre le feu du ciel, tua le bestial[c], suscita les vents qui ébranlèrent les quatre coins de la maison et accablèrent les enfants de Job[3]. En l'histoire d'Achab il y avait un esprit de mensonge en la bouche des faux Prophètes. Le Diable mit au cœur de Judas de trahir Jésus-Christ[4]. Les Diables qui étaient en grand nombre dedans le corps d'un seul homme s'appelaient Légion et obtinrent permission de Dieu d'entrer ès pourceaux, lesquels ils précipitèrent en la mer[5]. Il y a plusieurs autres témoignages de la sainte Écriture, qu'il y a des Anges et des Diables. Dès le commencement Dieu créa une grande multitude d'Anges pour citoyens du Ciel, qui sont appelés Esprits divins, et sans corps demeurent, et sont messagers à exécuter la volonté de Dieu leur

a. *Renoncé* : renié.
b. *Baillée* : donnée.
c. *Bestial* : bétail.

créateur, soit en justice, ou miséricorde ; toutefois
ils s'étudient au salut des hommes, au contraire
des malins Anges, appelés Démons ou Diables, qui
de leur nature tâchent toujours à nuire au genre
humain par machinations, fausses illusions, tromperies et mensonges ; et s'il leur était permis d'exercer leur cruauté à leur volonté et plaisir, véritablement
en bref le genre humain serait perdu et ruiné,
mais ils ne peuvent faire qu'en tant qu'il plaît à
Dieu leur lâcher la main. Lesquels pour leur grand
orgueil furent chassés et déjetés hors de Paradis et
de la présence de Dieu, dont les uns sont en l'air,
les autres en l'eau, qui apparaissent dessus et aux
rives, les autres sur la terre, les autres au profond
d'icelle[a], et demeureront jusqu'à ce que Dieu vienne
juger le Monde ; aucuns[b] habitent aux maisons
ruinées, et se transforment en tout ce qui leur
plaît. Ainsi qu'on voit aux nuées se former plusieurs et divers animaux et autres choses diverses,
à savoir Centaures, serpents, rochers, châteaux,
hommes et femmes, oiseaux, poissons, et autres
choses, ainsi les Démons se forment tout subit[c] en
ce qu'il leur plaît, et souvent on les voit trans-
former en bêtes, comme serpents, crapauds, chats-
huants, huppes, corbeaux, boucs, ânes, chiens,
chats, loups, taureaux et autres ; voire[d] ils prennent
des corps humains vifs ou morts, les manient,
tourmentent, et empêchent leurs œuvres naturelles ;
non seulement ils se transmuent en hommes, mais

a. *Au profond d'icelle* : dans les profondeurs de celle-ci.
b. *Aucuns* : quelques-uns.
c. *Subit* : subitement.
d. *Voire* : et même.

aussi en Anges de lumière ; ils font semblant d'être contraints, et qu'on les tient attachés à des anneaux, mais une telle contrainte est volontaire et pleine de trahison. Iceux Démons désirent et craignent, aiment et dédaignent. Ils ont charge et office de Dieu pour exiger les peines des malé-fices[a] et péchés des méchants, comme il se peut prouver que Dieu envoya en Égypte exploit[b] par mauvais Anges. Ils hurlent la nuit, et font bruit comme s'ils étaient enchaînés ; ils remuent bancs, tables, traiteaux, bercent les enfants, jouent au tablier[c], feuillettent livres, comptent argent, et les oit-on[d] promener par la chambre, ouvrent portes et fenêtres, jettent vaisselle par terre, cassent pots et verres, et font autre tintamarre ; néanmoins on ne voit rien au matin hors de sa place, ni rien cassé, ni portes ou fenêtres ouvertes[1]. Ils ont plusieurs noms, comme démons, cacodémons[e], incubes, succubes, coquemares[f], gobelins[g], lutins, mauvais Anges, Satan, Lucifer, père de mensonge, Prince des ténèbres, légion, et une infinité d'autres noms, qui sont écrits au livre de l'Imposture des Diables[2], selon les différences des maux qu'ils font et ès lieux où ils sont le plus souvent.

a. *Maléfices* : méfaits.
b. *Exploit* : assignation.
c. *Tablier* : carton à carreaux noirs et blancs, sur lequel on joue aux échecs, aux dames, etc.
d. *Oit* : du verbe *ouïr*, entendre.
e. *Cacodémons* : mauvais démons.
f. *Coquemares* : démons incubes, dits aussi cauchemars.
g. *Gobelins* : lutins, esprits familiers.

CHAPITRE XXVI

DE CEUX QUI SONT POSSÉDÉS DES DÉMONS, QUI PARLENT EN DIVERSES PARTIES DE LEURS CORPS

Ceux qui sont possédés des Démons parlent la langue tirée hors la bouche, par le ventre, par les parties naturelles, et parlent divers langages inconnus. Ils font trembler la terre, tonner, éclairer, venter, déracinent et arrachent les arbres, tant gros et forts soient-ils ; ils font marcher une montagne d'un lieu en autre, soulèvent en l'air un château, et le remettent en sa place, fascinent les yeux et les éblouissent, en sorte qu'ils font voir souvent ce qui n'est point. Ce que j'atteste avoir vu faire à un sorcier, en la présence du défunt Roi Charles neuvième, et autres grands Seigneurs. Paul Grillant[1] écrit de son temps avoir vu à Rome brûler une femme sorcière, qui faisait parler un chien. Ils font encore autres choses que dirons ci-après. Satan, pour enseigner aux plus grands sorciers la sorcellerie, entremêle propos de la sainte Écriture et des saints Docteurs pour faire du poison avec du miel, qui a toujours été et sera l'astuce de Satan. Les sorciers de Pharaon contrefaisaient les œuvres de Dieu[2]. Les actions de Satan sont supernaturelles et incompréhensibles, passant l'esprit humain, n'en pouvant rendre raison non plus que de l'aimant qui attire le fer et fait tourner l'aiguille.

Et ne se faut opiniâtrer contre la vérité, quand on voit les effets, et qu'on ne sait la cause ; et confessons la faiblesse de notre esprit, sans nous arrêter aux principes et raisons des choses naturelles, qui nous manquent, lorsque nous voulons examiner les actions des démons et enchanteurs. Les malins esprits sont les exécuteurs et bourreaux de la haute justice de Dieu, et ne font rien que par sa permission. Par quoi il nous faut prier Dieu, qu'il ne permette point que nous soyons induits aux tentations de Satan. Dieu a menacé par sa loi d'exterminer les peuples qui souffraient vivre les sorciers et enchanteurs[1]. C'est pourquoi saint Augustin, au livre de la cité de Dieu, dit que toutes les sectes qui jamais ont été, ont décerné peine contre les sorciers, excepté les Épicuriens[2]. La Reine Jesabel, pour ce qu'elle était sorcière, Jehu la fit jeter par les fenêtres de son château, et la fit manger aux chiens[3].

CHAPITRE XXVII

COMME LES DÉMONS
HABITENT ÈS[a] CARRIÈRES

Loys Lavater[4] écrit que les Métalliers[b] affirment que l'on voit en certaines mines des esprits vêtus comme ceux qui besognent aux mines, courent çà et là, et semble qu'ils travaillent, encore qu'ils ne

a. *Ès* : dans les.
b. *Métalliers* : mineurs.

bougent ; aussi disent qu'ils ne font mal à personne, si on ne se moque d'eux : ce qu'advenant, ils jetteront quelque chose contre le moqueur, ou l'endommageront de quelque autre chose. Aussi naguère que j'étais en la maison du Duc d'Ascot, un sien Gentilhomme nommé l'Heister, homme d'honneur, et qui a la plus grande part de la charge de sa maison, m'assura qu'en certaines mines d'Allemagne (joint aussi que d'autres l'ont écrit) on oyait[a] des cris fort étranges et épouvantables, comme une personne qui parlerait dedans un pot, traînant chaînes aux pieds, toussant et soupirant, tantôt lamentant comme un homme que l'on gêne[b] ; autrefois un bruit d'un grand feu qui claquette, autrefois coups d'artilleries lâchées de bien loin, tambourins, clairons et trompettes, bruit de chariots et chevaux, cliquetis[c] de fouets, cliquetis de harnais, piques, épées, hallebardes, et autres bruits, comme il se fait aux grands combats ; aussi un bruit, comme lorsqu'on veut bâtir une maison, oyant ébaucher[d] le bois, bruire le cordeau, tailler la pierre, faire les murailles, et autres manœuvres, et cependant l'on ne voit rien de tout cela. Ledit Lavater écrit qu'en Davans, pays des Grisons[1], il y a une mine d'argent, en laquelle Pierre Briot, homme notable et Consul de ce lieu-là, a fait travailler ces années passées, et en a tiré de grandes richesses. Il y avait en icelle un esprit, lequel, prin-

a. *Oyait* : entendait.
b. *Gêne* : torture.
c. *Cliquetis* : claquements.
d. *Ébaucher* : tailler.

cipalement le jour du vendredi, et souvent lorsque les métalliers versaient ce qu'ils avaient tiré dedans des cuves, faisait fort de l'empêché[a], changeant à sa fantaisie les métaux des cuves en autres. Ce Consul ne s'en souciait pas autrement, quand il voulait descendre à sa mine, se fiant que cet esprit ne lui pouvait faire aucun mal, si ce n'était par la volonté de Dieu. Or advint un jour que cet esprit fit beaucoup plus de bruit que de coutume, tellement qu'un métallier commença à l'injurier et lui commander d'aller au gibet et en son enfer, avec maudissons[b] ; lors cet esprit prit ce métallier par la tête, laquelle il lui tordit en telle sorte, que le devant était droitement derrière, et n'en mourut pas toutefois, mais vécut longuement depuis, ayant le col tors[c], connu familièrement de plusieurs qui vivent encore, et quelques années après mourut. Il écrit beaucoup d'autres choses des esprits, que chacun peut lire en son livre. Ledit Loys Lavater, au livre susdit, dit avoir ouï dire à un homme prudent et honorable, Bailli d'une seigneurerie dépendant de Zurich, qui affirmait qu'un jour d'Été, de grand matin, allant se promener par les prés, accompagné de son serviteur, il vit un homme, qu'il connaissait bien, se mêlant méchamment avec une jument, de quoi il fut grandement étonné ; retourna soudainement, et vint frapper à la porte de celui qu'il pensait avoir vu. Or il trouva pour certain que l'autre n'avait bougé de son lit : et si ce

a. *Faisait fort de l'empêché* : faisait l'homme affairé, important.

b. *Maudissons* : malédictions.

c. *Tors* : tordu.

Bailli n'eût diligemment su la vérité, un bon et honnête personnage eût été emprisonné et gêné[a]. Il récite cette histoire, afin que les Juges soient bien avisés en tel cas.

CHAPITRE XXVIII

COMME LES DÉMONS NOUS PEUVENT DÉCEVOIR[b]

Or iceux Démons peuvent en beaucoup de manières et façons tromper notre terrienne lourdesse, à raison de la subtilité de leur essence et malice de leur volonté : car ils obscurcissent les yeux des hommes, avec épaisses nuées qui brouillent notre esprit fantastiquement, et nous trompent par impostures sataniques, corrompant notre imagination par leurs bouffonneries et impiétés. Ils sont docteurs de mensonges, racines de malice et de toutes méchancetés à nous séduire et tromper, et prévaricateurs de la vérité ; et pour le dire en un mot, ils ont un incomparable artifice de tromperies, car ils se transmuent en mille façons, et entassent aux corps des personnes vivantes mille choses étranges, comme vieux panneaux[c], des os, des ferrements, des clous, des épines, du fil, des cheveux entortillés, des morceaux de bois, des serpents et autres choses monstrueuses, lesquelles ils

a. *Gêné* : torturé.
b. *Décevoir* : tromper.
c. *Panneaux* : morceaux d'étoffe, haillons.

font souventesfois sortir par le conduit de la matrice des femmes : ce qui se fait après avoir ébloui la vue et altéré notre imagination, comme nous avons dit.

D'aucuns sont nommés Incubes et Succubes. Incubes, ce sont Démons qui se transforment en guise d'hommes, et ont copulation avec les femmes sorcières. Succubes, ce sont Démons qui se transmuent en guise de femmes : et telle habitation[a] ne se fait pas seulement en dormant, mais aussi en veillant. Ce que les sorciers et sorcières ont confessé et maintenu plusieurs fois, quand on les exécutait à mort. Saint Augustin n'a pas du tout nié que les Diables, transformés en forme d'homme ou de femme, puissent exercer les œuvres de nature et avoir à faire avec les hommes et femmes pour les allécher à luxure, tromper et décevoir[1] : ce que les anciens n'ont point seulement expérimenté ; même de notre temps, ceci est arrivé en plusieurs provinces, à diverses personnes, avec lesquelles les diables ont eu affaire, transfigurés en homme et femme. Jacobus Ruepff, en ses livres *De conceptu et generatione hominis*[2], témoigne que de son temps une femme perdue eut affaire avec un esprit malin, la nuit, ayant face d'homme, et que subit[b] le ventre lui enfla ; et, pensant être grosse, tomba en une si étrange maladie, que toutes ses entrailles tombèrent, sans que, par aucun artifice de Médecin ni de Chirurgien, pût être secourue. Il est écrit le semblable d'un serviteur boucher, lequel étant

a. *Habitation* : cohabitation, copulation.
b. *Subit* : subitement.

profondément plongé en vaines cogitations de luxure, fut étonné qu'il aperçut subit devant lui un Diable en figure de belle femme, avec lequel ayant eu affaire, ses parties génitales commencèrent à s'enflamber[a], de façon qu'il lui semblait avoir le feu ardent dedans le corps, et mourut misérablement.

Or c'est une chose absurde à Pierre de la Pallude et Martin d'Arles[1] soutenir qu'au giron de la femme les diables laissent couler de la semence d'un homme mort, dont un enfant peut être engendré, ce qui est manifestement faux ; et, pour réprouver cette vaine opinion, je dirai seulement que la semence qui est faite de sang et esprit[2], laquelle est apte pour la génération, étant peu ou rien[b] transportée, est incontinent[c] corrompue et altérée, et par conséquent sa vertu[d] du tout[e] éteinte, parce que la chaleur et esprit du cœur et de tout le corps en est absente, si bien qu'elle n'est plus tempérée, ni en qualité, ni en quantité. Pour cette raison, les Médecins ont jugé l'homme qui aurait la verge virile trop longue être stérile, à cause que la semence, étant écoulée par un si long chemin, est ja refroidie avant qu'elle soit reçue en la matrice. Aussi quand l'homme se disjoint de sa compagne trop subit, ayant jeté sa semence, elle peut être altérée de l'air qui entre en la matrice, qui cause qu'elle ne produit aucun fruit. Ainsi donc l'on peut

a. *S'enflamber* : s'enflammer.
b. *Peu ou rien* : si peu que ce soit.
c. *Incontinent* : aussitôt.
d. *Vertu* : force, propriété.
e. *Du tout* : tout à fait.

connaître combien Albert le Scoliaste[1] a lourde-
ment failli, lequel a écrit que, si la semence tombée
en terre était remise en la matrice, il serait possible qu'elle concevrait. Autant en peut-on dire de
la voisine d'Averrois[2], laquelle (comme il dit)
l'avait assuré par serment qu'elle avait conçu un
enfant de la semence d'un homme qu'il avait jetée
dans un bain, et s'étant baignée en icelui elle
en devint grosse. Aussi il ne vous faut nullement
croire que les Démons, ou diables qui sont de
nature spirituelle, puissent connaître charnelle-
ment les femmes : car à l'exécution de cet acte la
chair et le sang sont requis, ce que les esprits n'ont
pas. Davantage, comme serait-il possible que les
esprits, qui n'ont point de corps, puissent être épris
de l'amour des femmes et qu'ils puissent engendrer en icelles ? et aussi, où il n'y a point de parties
générantes[a], il n'y a aussi point de conjonction ;
et, où il n'y a viande[b] ni breuvage, il n'y a point de
semence ; aussi là où il n'a été nécessaire avoir
succession et repeuplement, la Nature n'a point
baillé[c] le désir d'engendrer. Davantage, les Démons
sont immortels et éternels : qu'ont-ils donc nécessité de cette génération, puisqu'ils n'ont affaire[d]
de successeurs, d'autant qu'ils seront toujours ?
Encore n'est-il en la puissance de Satan, ni à ses
Anges, d'en créer de nouvelles[3] ; et si ainsi était,
depuis que les Démons sont créés, qu'ils eussent
pu en engendrer d'autres, il y aurait bien de la dia-

---

a. *Parties générantes* : organes de la reproduction.
b. *Viande* : nourriture.
c. *Baillé* : donné.
d. *Affaire* : besoin.

blerie sur les champs. Or, quant à moi, je crois que cette prétendue cohabitation est imaginaire, procédant d'une impression illusoire de Satan[1].

CHAPITRE XXIX

EXEMPLE DE PLUSIEURS ILLUSIONS DIABOLIQUES

Et, afin qu'on ne pense que l'artifice du Diable soit ancien, il a encore pratiqué de notre temps en semblables sortes, comme plusieurs ont vu, et beaucoup d'hommes doctes ont écrit, d'une fort belle jeune fille, à Constance, laquelle avait nom Magdaleine, servante d'un fort riche citoyen de ladite ville, laquelle publiait partout que le Diable une nuit l'avait engrossie ; et pour ce regard les Potestats de la ville la firent mettre en prison, pour entendre[a] l'issue de cet enfantement. L'heure venue de ses couches, elle sentit des tranchées[b] et douleurs accoutumées des femmes qui veulent accoucher ; et quand les matrones furent prêtes de recevoir le fruit, et qu'elles pensaient que la matrice se dût ouvrir, il commença à sortir du corps d'icelle fille des clous de fer, des petits tronçons de bois, de verre, des os, pierres et cheveux, des étoupes, et plusieurs autres choses fantastiques et étranges, lesquelles le diable par son artifice y

a. *Entendre* : connaître.
b. *Tranchées* : douleurs violentes dans l'abdomen.

avait appliquées, pour décevoir et embabouiner[a] le vulgaire populace, qui ajoute légèrement foi en prestiges et tromperies.

Boaistuau[1] affirme qu'il produirait plusieurs autres histoires semblables, récitées[b] non seulement des Philosophes, mais aussi des Ecclésiastiques, lesquels confessent que les diables, par la permission de Dieu, ou pour punition de nos péchés, peuvent ainsi abuser des hommes et des femmes ; mais que de telle conjonction il se puisse engendrer quelque créature humaine, cela n'est pas seulement faux, mais contraire à notre Religion, laquelle croit qu'il n'y eut oncques homme engendré sans semence humaine, réservé le fils de Dieu. Même, comme disait Cassianus[2], quelle absurdité, répugnance et confusion serait-ce en Nature, s'il était licite aux diables de concevoir d'hommes, et les femmes d'eux! Combien, depuis la création du Monde jusqu'à présent, les diables eussent produit des monstres par tout le genre humain, jetant leur semence dans les matrices des bêtes, créant ainsi par les perturbations de semence une infinité de monstres et prodiges!

CHAPITRE XXX

DE L'ART MAGIQUE

Davantage l'art Magique se fait par le méchant artifice des Diables. Or il y a de plusieurs sortes de

a. *Embabouiner* : séduire, tromper.
b. *Récitées* : racontées.

Magiciens : aucuns[a] font venir à eux les diables et interrogent les morts, lesquels sont nommés Nécromanciens ; autres Chiromanciens, parce qu'ils devinent par certains linéaments qui sont ès[b] mains ; autres Hydromanciens, parce qu'ils devinent par l'eau ; autres Géomanciens, parce qu'ils devinent par la terre ; autres Pyromanciens, qui devinent par le feu ; autres Aéromanciens, ou augures, ou pronostiqueurs de la disposition[c] future, parce qu'ils devinent par l'air, savoir est par le vol des oiseaux, ou par tourmentes, orages, tempêtes et vents. Tous lesquels ne font que tromper et abuser les incrédules, qui vont au recours à ces devins, Prophètes, maléfiques[d], enchanteurs ; lesquels sur tous autres sont coutumièrement opprimés de perpétuelle pauvreté et disette, parce que les diables les engouffrent en un abîme d'obscurité, leur faisant accroire mensonge être vérité, par illusions et fausses promesses interturbées[e] et insensées, qui est une folie et insupportable bourbier d'erreur et facétie[f]. Il faut du tout[g] fuir ces hommes et les chasser loin par ceux qui connaissent et aiment la vraie religion, comme fit anciennement Moïse par le commandement de Dieu[1].

Jean de Marconville[2] en son livre du *Recueil mémorable d'aucuns cas merveilleux advenus de*

a. *Aucuns* : quelques-uns.
b. *Ès* : dans les.
c. *Disposition* : en astrologie, état et aspect des astres.
d. *Maléfiques* : sorciers (substantif).
e. *Interturbées* : troubles.
f. *Facétie* : farce, plaisanterie.
g. *Du tout* : tout à fait.

nos ans, écrit d'une devineresse, sorcière de Boulogne la Grasse en Italie, laquelle, après avoir longtemps exercé son art diabolique, tomba en une grave maladie, dont elle finit ses jours. Quoi voyant un magicien, qui ne l'avait jamais voulu désaccompagner[a] pour le profit qu'il tirait du vivant d'elle de son art, il lui mit un certain poison vénéfique[b] sous les aisselles, tellement que, par la vertu de ce poison, elle semblait être vivante et se trouvait aux compagnies, comme elle avait accoutumé, ne semblant en rien différer d'une personne en vie, fors[c] la couleur qui était excessivement pâle et blême. Quelque temps après, il se trouva un autre magicien à Boulogne, auquel il prit fantaisie d'aller voir cette femme, pour ce qu'elle avait grand bruit[d], à raison de son art ; lequel étant arrivé à ce spectacle, comme les autres, pour la voir jouer, tout subit s'écria, disant : « Que faites-vous ici, messieurs? Cette femme que vous estimez qui fasse ces beaux soubresauts et jeux de passe-passe devant vous, c'est une puante et orde[e] charogne morte. » Et tout soudain elle tomba en terre, morte, de sorte que le prestige de Satan et l'abus de l'enchanteur fut manifesté à tous les assistants.

Langius[1], en ses Épîtres Médicinales, raconte d'une femme possédée d'un mauvais esprit, laquelle, après avoir été affligée d'une cruelle douleur d'estomac, étant délaissée par les Médecins, subite-

a. _Désaccompagner_ : quitter, se séparer de.
b. _Vénéfique_ : qui empoisonne.
c. _Fors_ : sauf.
d. _Bruit_ : réputation.
e. _Orde_ : sale, répugnante.

ment vomit des clous fort longs et courbés et des aiguilles d'airain empaquetées avec de la cire et des cheveux. Et en la même Épître écrit que, l'an mil cinq cent trente-neuf, au village nommé Tuguestag[1], un certain laboureur nommé Ulrich Nenzesser, après avoir enduré une cruelle douleur au flanc, lui ayant été faite ouverture d'un rasoir, sortit un clou d'airain ; toutefois les douleurs s'augmentèrent de plus en plus, et d'impatience se coupa la gorge ; et ayant été ouvert, on lui trouva dans l'estomac un morceau de bois long et rond, quatre couteaux d'acier, desquels aucuns étaient aigus, les autres dentelés en manière de scie, et ensemble deux ferrements âpres, lesquels surmontaient la longueur d'une demi-coudée[a], avec une grosse pelote de cheveux. Il est vraisemblable que toutes ces choses se sont faites par l'astuce du diable, qui décevait[b] les assistants par leur vue.

Encore depuis naguère j'ai vu faire à un imposteur et enchanteur, en la présence du Roi Charles IX et de Messeigneurs les Maréchaux de Montmorency, de Rets, et le seigneur de Lansac, et de monsieur de Mazille, premier Médecin du Roi, et de monsieur de saint Pris, valet de chambre ordinaire du Roi, plusieurs autres choses qui sont impossibles aux hommes de faire sans l'astuce du diable, qui déçoit notre vue et nous fait apparaître chose fausse et fantastique : ce que librement ledit imposteur confessa au Roi, que ce qu'il faisait était par l'astuce d'un esprit, lequel avait encore

a. Une *coudée* mesure environ 45 cm.
b. *Décevait* : trompait.

temps de trois ans à être en ses liens[1], et qu'il le
tourmentait fort ; et promit au Roi, son temps
venu et accompli, qu'il serait homme de bien.
Dieu lui en veuille donner la grâce ; car il est écrit :
« Tu n'endureras point vivre la sorcière[2]. » Le Roi
Saül fut cruellement puni pour s'être adressé à la
femme enchanteresse[3]. Moïse pareillement a com-
mandé à ses Hébreux qu'ils missent toute peine[a]
d'exterminer d'autour d'eux les enchanteurs[4].

CHAPITRE XXXI

DE CERTAINES MALADIES
ÉTRANGES

Or pour encore contenter l'esprit du liseur, de
l'imposture des diables et de leurs esclaves magiciens, maléfiques, enchanteurs et sorciers, j'ai
recueilli ces histoires de Fernel[5], telles qu'il s'ensuit. Il y a des maladies, lesquelles sont envoyées
aux hommes par la permission de Dieu et ne
peuvent être guéries par les remèdes ordinaires,
lesquelles pour cette raison sont dites outrepasser
le cours ordinaire des maladies desquelles les
hommes ont accoutumé d'être tourmentés. Ce qui
se peut aisément prouver par l'Écriture sainte
même, laquelle nous fait foi que, pour le péché de
David, il survint une telle corruption d'air, que la
peste trancha le filet de la vie à plus de soixante

a. *Missent toute peine* : fassent tous leurs efforts.

mille personnes[1]. Nous lisons aussi, en la même Écriture, que Ezéchias fut tourmenté d'une très grande et très grave maladie[2]. Job reçut tant d'ulcères sur son corps, qu'il en était tout couvert[3] : ce qui leur advint par la permission de ce grand Dieu, lequel gouverne à son veuil[a] ce Monde inférieur et tout ce qui est contenu en icelui.

Or tout ainsi que le Diable, capital et juré ennemi de l'homme, souvent (par la permission de Dieu toutefois) nous afflige de grandes et diverses maladies, ainsi les sorciers, trompeurs et méchants, par ruses et finesses diaboliques, tourmentent et abusent une infinité d'hommes : les uns invoquent et adjurent je ne sais quels esprits par murmures, exorcismes, imprécations, enchantements et sorcelleries ; les autres lient à l'entour du col ou bien portent sur eux par autre façon quelques écritures, quelques caractères, quelques anneaux, quelques images et autres tels fatras[b] ; les autres usent de quelques chants harmonieux et danses. Quelquefois ils usent de certaines potions, ou plutôt poisons, suffumigations[c], senteurs, fascinations et enchantements. Il s'en trouve lesquels, ayant brassé[d] l'image et représentation de quelqu'un absent, la transpercent avec certains instruments, et se vantent d'affliger de telle maladie qu'il leur plaira celui dont ils transpercent la représentation, encore qu'il soit bien éloigné d'eux, et disent que cela se fait par la vertu des Étoiles, et de certaines paroles

a. *Veuil* : volonté.
b. *Fatras* : choses sans valeur, menus objets.
c. *Suffimigations* : fumigations.
d. *Brassé* : façonné.

qu'ils bourdonnent en perçant telle image ou représentation faite de cire. Il y a encore une infinité de telles forfanteries, qui ont été inventées par les forfantes[a] pour affliger et tourmenter les hommes, mais il me fâche d'en parler davantage. Il y en a qui usent de tels sortilèges qu'ils empêchent l'homme et la femme de consommer le mariage, ce qu'on appelle vulgairement nouer l'aiguillette[1]. Il y en a qui empêchent que l'homme ne rende son urine, ce qu'ils appellent cheviller. Il y en a aussi qui rendent par leurs sorcelleries les hommes si malhabiles à sacrifier à madame Vénus, que les pauvres femmes qui en ont bien affaire[b] pensent qu'ils soient châtrés, et plus que châtrés. Telle quenaille[c] n'afflige pas seulement les hommes de plusieurs et diverses sortes de maladies ; mais aussi, tels pendars et sorciers qu'ils sont, lancent des diables dedans les corps des hommes et des femmes. Ceux qui sont ainsi tourmentés des diables par les sorcelleries de ces forfantes ne diffèrent en rien des simples maniaques[d], sinon qu'ils disent des choses merveilleusement[e] grandes. Ils racontent tout ce qui s'est passé paravant, encore qu'il fût bien fort caché et inconnu fors qu'à[f] bien peu de gens. Ils découvrent le secret de ceux qui sont présents, les injuriant et blasonnant[g] si vivement

a. *Forfantes* : coquins, charlatans.
b. *Affaire* : besoin.
c. *Quenaille* : canaille.
d. *Maniaques* : fous.
e. *Merveilleusement* : extrêmement.
f. *Fors qu'à* : sauf à.
g. *Blasonnant* : blâmant, raillant.

qu'ils seraient plus que ladres[a] s'ils ne le sentaient ; mais incontinent[b] qu'on parle de la sainte Écriture, ils sont tous épouvantés, ils tremblent et sont fort fâchés.

Naguère un quidam, par les grandes chaleurs de l'Été, se leva de nuit pour boire, lequel ne trouvant aucune liqueur[c] pour étancher sa soif, prend une pomme qu'il avise, lequel incontinent qu'il eut mordu dedans, il lui sembla qu'on l'étranglait ; et déjà comme assiégé d'un malin esprit caché en cette pomme, il lui semblait au milieu des ténèbres voir un grand chien fort noir qui le dévorait ; lequel, étant puis après guéri, nous conta de fil en aiguille tout ce qui lui était arrivé. Plusieurs Médecins, lui ayant touché le pouls, ayant reconnu la chaleur extraordinaire qui était en lui, avec une sécheresse et noirceur[d], de laquelle jugèrent qu'il avait la fièvre, et d'autant qu'il ne reposait aucunement et qu'il ne cessait de rêver, le jugèrent hors du sens.

Il y a quelques années qu'un jeune Gentilhomme par intervalle de temps tombait en certaine convulsion, tantôt ayant le bras gauche seulement, tantôt le droit, tantôt un seul doigt, tantôt une cuisse, tantôt toutes deux, tantôt l'épine du dos et tout le corps si soudainement [remué et tourmenté] par cette convulsion, qu'à grande difficulté quatre valets le pouvaient tenir au lit. Or est-il qu'il n'avait aucunement le cerveau agité ni tourmenté : il

a. *Ladres* : insensibles moralement comme le sont physiquement les lépreux (les ladres).
b. *Incontinent* : aussitôt.
c. *Liqueur* : liquide.
d. *Noirceur* : mélancolie, tristesse.

avait la parole libre, l'esprit nullement troublé et tous les sens entiers, même au plus fort de telle convulsion. Il était travaillé[a] deux fois par jour pour le moins de telle convulsion, de laquelle étant sorti il se portait bien, hormis qu'il se trouvait fort las et corrompu[b], à cause du tourment qu'il avait souffert. Tout Médecin bien avisé eût pu juger que c'était une vraie Épilepsie, si avec cela les sens et l'esprit eussent été troublés. Tous les plus braves[c] Médecins y étant appelés jugèrent que c'était une convulsion de fort près approchant à l'Épilepsie, qui était excitée d'une vapeur maligne enclose dedans l'épine du dos, d'où telle vapeur s'épanchait seulement aux nerfs, qui ont leur origine d'icelle épine, sans en rien offenser le cerveau. Tel jugement ayant été assis de la cause de cette maladie, il ne fut rien oublié de tout ce que commande l'art, pour soulager ce pauvre malade. Mais en vain nous fîmes tous nos efforts, étant plus de cent lieues éloignés de la cause de telle maladie. Car le troisième mois suivant, on découvrit que c'était un diable qui était auteur de ce mal, lequel se déclara lui-même, parlant par la bouche du malade du Grec et du Latin à foison, encore que ledit malade ne sût rien en Grec. Il découvrait le secret de ceux qui étaient présents, et principalement des médecins, se moquant d'eux, pour ce qu'avec grand danger il les avait circonvenus et qu'avec des médecines inutiles ils avaient presque fait mourir

a. *Était travaillé* : souffrait.
b. *Corrompu* : rompu, très fatigué.
c. *Braves* : habiles.

le malade. Toutes et quantes fois[a] que son père le venait voir, incontinent que de loin il l'apercevait, il criait : « Faites le retirer, empêchez qu'il n'entre, ou bien lui ôtez la chaîne qu'il a au col. » Car, comme Chevalier qu'il était, suivant la coutume des Chevaliers Français, il portait le collier de l'ordre, au bout duquel était l'image de saint Michel. Quand on lisait quelque chose de la sainte Écriture devant lui, il se hérissonnait[b], se soulevait et se tourmentait bien plus qu'auparavant. Quand le paroxysme était passé, il se souvenait de tout ce qu'il avait dit ou fait, s'en repentant et disant que contre son veuil[c] il avait ou fait ou dit cela. Ce Démon, contraint par les cérémonies et exorcismes, disait qu'il était un esprit et qu'il n'était point damné pour aucun forfait. Étant interrogé quel il était, ou par quel moyen et par la puissance de qui il tourmentait ainsi ce gentilhomme, il répondit qu'il y avait beaucoup de domiciles au-dedans où il se cachait, et qu'au temps qu'il laissait reposer le malade, il en allait tourmenter d'autres. Au reste, qu'il avait été jeté au corps de ce gentilhomme par un quidam qu'il ne voulait nommer, et qu'il y avait entré par les pieds, se rampant jusqu'au cerveau, et qu'il sortirait par les pieds quand le jour pactionné[d] entre eux serait venu. Il discourait de beaucoup d'autres choses, selon la coutume des démoniaques, vous assurant que je ne mets ceci en jeu comme une chose nou-

a. *Toutes et quantes fois* : toutes les fois que.
b. *Se hérissonnait* : se hérissait.
c. *Veuil* : volonté.
d. *Pactionné* : convenu par un pacte.

velle, mais afin qu'on connaisse que quelquefois
les diables entrent dedans nos corps et qu'ils les
bourrellent[a] par tourments inaudits[b] ; quelquefois
aussi ils n'entrent point dedans, mais agitent les
bonnes humeurs du corps, ou bien envoient les
méchantes aux principales parties, ou bien remplissent les veines de ces méchantes humeurs,
ou en bouchent les conduits du corps, ou bien
changent le bâtiment[c] des instruments, d'où il
arrive une infinité de maladies.

Les diables sont cause de toutes ces choses,
mais les sorciers et méchants hommes sont serfs
et ministres des diables. Pline écrit que Néron de
son temps a trouvé les plus fausses magies et sorcelleries qui aient point[d] été[1]. Mais qu'est-il de
besoin mettre en avant les Ethniques[e], attendu
que l'Écriture témoigne qu'il y en a eu, comme il
appert[f] de ce qui est écrit de la Pythonisse, de la
femme ventriloque, de Nabugodonosor Roi, des
sorciers et enchanteurs de Pharaon, et même de
Simon Magus du temps des Apôtres[2]? Le même
Pline écrit qu'un nommé Demarchus se changea
en un loup, ayant mangé des entrailles d'un enfant
sacrifié[3].

Homère écrit que Circé changea les compagnons d'Ulysse en pourceaux[4]. Plusieurs Poètes
anciens écrivent que tels sorciers faisaient passer

a. *Bourrellent* : torturent.
b. *Inaudits* : inconnus, inouïs.
c. *Bâtiment* : composition.
d. *Point* : jamais.
e. *Ethniques* : païens.
f. *Il appert* : il est manifeste.

les fruits de champ en champ et de jardin en jardin[1], ce qui ne semble être fabuleux, d'autant que la Loi des douze tables[2] constitue et ordonne certains supplices à tels Charlatans et forfantes[a]. Or tout ainsi que le diable ne peut bailler[b] les choses vraies, lesquelles il ne pourrait nullement créer, ains[c] baille seulement quelques vaines espèces d'icelles, par lesquelles il offusque l'esprit des hommes, ainsi aux maladies ne peut-il donner une vraie et entière guérison, ains use seulement d'une fausse et palliative cure. J'ai vu aussi la Jaunisse disparoir[d] de la superficie du corps en une seule nuit, par le moyen d'un certain petit brevet[e] qui fut pendu au col de l'ictérique[f]. J'ai vu pareillement les fièvres être guéries par oraisons et certaines cérémonies ; mais elles retournaient après bien plus mauvaises.

Il y en a encore bien d'un autre tonneau : car il y a des façons de faire que nous appelons superstitions, d'autant qu'elles ne sont fondées sur aucune raison ou autorité, soit divine ou humaine, ains sur quelque rêverie des vieilles. Je vous prie, n'est-ce pas une vraie superstition de dire que celui qui porte le nom des trois Rois qui vinrent adorer notre Dieu, à savoir Gaspar, Melchior et Balthasar, est guéri de l'épilepsie? Ce que toutefois les remèdes bien approuvés ne font pas ordinairement, comme

a. *Forfantes* : coquins, charlatans.
b. *Bailler* : donner, créer.
c. *Ains* : mais.
d. *Disparoir* : disparaître.
e. *Brevet* : billet.
f. *Ictérique* : malade de la jaunisse.

peut être l'essence de succinum[a], ou ambre mêlé
avec conserve de pivoine, donnée au malade tous
les matins la grosseur d'une noisette. Que les dents
sont guéries, si cependant qu'on dit la Messe, on
profère ces paroles : « *Os non comminuetis ex
eo*[1] »? Qu'on apaise les vomissements par certaines cérémonies, sachant seulement le nom du
patient? J'ai vu quelqu'un qui arrêtait le sang de
quelque partie du corps que ce fût, bourdonnant
je ne sais quelles paroles. Il y en a qui disent ces
mots : « *De latere ejus exivit sanguis et aqua*[2]. »
Combien y a-t-il de telles manières de guérir les
fièvres? Les uns tenant la main du fébricitant[b]
disent : « *Aequè facilis tibi febris haec sit, atque
Mariae virgini, Christi partus*[3]. » Les autres disent
en secret ce beau Psaume : « *Exaltabo te, Deus meus
rex*[4]. » Si quelqu'un (dit Pline) a été mordu d'un
Scorpion, et qu'en passant il le dise en l'oreille
d'un âne, il est incontinent[c] guéri[5]. Voilà de belles
manières de guérir! Or, tout ainsi que par telles
paroles ils guérissent, aussi par de semblables et
superstitieux écrits guérissent-ils : comme, pour
guérir le mal des yeux, il y en a qui écrivent ces
deux lettres Grecques : π α, et les enveloppent en
un linge, puis les pendent au col. Pour le mal des
dents ils écrivent : « *Strigiles falcesque dentatae,
dentium dolorem persanate*[6]. »

Il se trouve aussi de grandes superstitions aux
applications externes. Comme celui-ci, d'Apollo-

a. *Succinum* : ambre jaune.
b. *Fébricitant* : malade fiévreux.
c. *Incontinent* : aussitôt.

nius[1], à savoir se scarifier les gencives avec la
dent d'un homme qui a été tué, pour guérir le
mal des dents ; comme faire des pilules du crâne
d'un homme pendu, contre la morsure d'un chien
enragé. Comme ils disent que l'Épilepsie est guérie
pour manger de la chair d'une bête sauvage qui
aura été tuée du même fer qu'aura été tué un
homme. Comme ils disent aussi que la fièvre quarte[a]
est guérie, si on boit du vin où aura trempé une
épée de laquelle on a coupé le col d'un homme. Si
cela était vrai, l'état du bourreau de Paris lui vau-
drait mieux qu'il ne fait. Ils disent aussi que, pour
guérir la même fièvre quarte, il ne faut que mettre
les rognures de ses ongles dedans un linge, les lier
au col d'une anguille vive, et la jeter incontinent
en l'eau. Pour guérir la ratelle[b] (disent-ils) il ne
faut que mettre dessus icelle la rate d'une bête, et
que le Médecin dise qu'il fait la médecine à la rate.
Pour guérir de la toux, il ne faut que cracher
dedans le bec d'une grenouille rouge et la laisser
incontinent aller. La corde de quoi on a pendu
quelqu'un, liée à l'entour des tempes, guérit le mal
de tête. C'est un plaisir que d'entendre telle manière
de faire la médecine ; mais, entre autres, celle-ci
est gentille, qui est de mettre ce beau mot, *Abraca-
dabra*, en une certaine figure qu'écrit Serenus[2],
pour guérir de la fièvre. C'est un autre beau trait
de dire que la feuille de Cataputia[c], tirée par haut,
fait vomir, et, tirée par bas, fait décharger le

a. *Fièvre quarte* : fièvre intermittente, survenant tous les
quatre jours.
b. *Ratelle* : rate.
c. *Cataputia* : ricin.

ventre. Et qui plus est, ils ont été si impudents que
de feindre qu'il y avait quelques herbes dédiées
et consacrées aux diables, comme récite Galien[1]
d'un certain André et Pamphile.

Je n'aurais jamais fait[a] si je voulais m'amuser à
rhapsodier[b] une milliace[c] de telles superstitieuses
sornettes, et n'en eusse tant mis en avant, sinon
pour donner avis, à beaucoup qui s'y abusent, de
plus n'y croire, et les prier de rejeter toutes telles
sotteries, et s'arrêter à ce qui est assuré et, par tant
d'habiles et galants[d] hommes, approuvé et reçu en
la Médecine, ce que faisant, il en réussira un bien
infini au public, d'autant qu'après l'honneur de
Dieu, il n'y a rien qui doive être plus précieux à
l'homme que sa santé. Et ne se faut aucunement
fier aux hommes qui ont laissé les naturels moyens
et vertus[e] données, que Dieu a mises aux plantes,
animaux et minéraux pour la curation[f] des maladies, et se sont jetés dans les filets des esprits
malins, qui les attendent au passage ; car il ne faut
point douter que, puisqu'ils ne se fient aux moyens
que Dieu a ordonnés, et qu'ils abandonnent cette
règle universellement établie dès la création du
monde, il ne faut ignorer que les esprits malins ne
se soient mis en peine de les y tenir, leur donnant
entre deux vertes une mûre[g], et se fier par ce

a. *Fait* : fini.

b. *Rhapsodier* : réciter, coudre ensemble.

c. *Milliace* : un très grand nombre.

d. *Galants* : habiles, sages.

e. *Vertus* : forces, propriétés.

f. *Curation* : traitement, cure.

g. *Entre deux vertes une mûre* : une chose agréable entre
deux qui ne le sont pas.

moyen à la vertu des paroles et caractères, et autres badinages et piperies, ainsi que les sorciers, et en sont venus jusqu'à dire qu'ils ne se soucient qui les guérisse, et fût[a] le diable d'enfer, qui est un proverbe indigne d'un Chrétien, car l'Écriture sainte le défend expressément. Il est certain que les sorciers ne peuvent guérir les maladies naturelles, ni les Médecins les maladies venues par sortilèges. Et quant à quelques Empiriques[b] qui curent les plaies simples par seule application de linges secs ou trempés en eau pure, et quelquefois les guérissent, pour cela ne faut croire que ce soit enchantement ni miracle, comme pensent les idiots et populace, mais par le seul bénéfice de Nature, laquelle guérit les plaies, ulcères, fractures et autres maladies ; car le Chirurgien ne fait que lui aider en quelque chose, et ôter ce qui empêcherait[c], comme douleur, fluxion, inflammation, apostème[d], gangrène, et autres choses qu'elle ne peut faire, comme réduire les os fracturés et luxés, boucher un grand vaisseau pour étancher un flux de sang, extirper une loupe, extraire une grosse pierre en la vessie, ôter une chair superflue, abattre une cataracte, et une infinité d'autres choses que Nature de soi ne peut faire.

a. *Et fût* : fût-ce, même si c'était.
b. *Empiriques* : guérisseurs sans formation médicale.
c. *Empêcherait* : gênerait, nuirait.
d. *Apostème* : abcès.

CHAPITRE XXXII

DES INCUBES ET SUCCUBES,
SELON LES MÉDECINS [1]

Les Médecins tiennent que *Incubus* est un mal
où la personne pense être opprimée et suffoquée
de quelque pesante charge sur son corps, et vient
principalement la nuit ; le vulgaire dit que c'est
une vieille qui charge et comprime le corps, le vulgaire l'appelle Chauche-poulet[a]. La cause est le
plus souvent pour avoir bu et mangé viandes par
trop vaporeuses, qui ont causé une crudité, desquelles se sont élevées au cerveau grosses vapeurs
qui remplissent ses ventricules, à raison de quoi
la faculté animale, qui fait sentir et mouvoir, est
empêchée de reluire[b] par les nerfs, dont s'ensuit
une suffocation imaginaire, par la lésion qui se
fait tant au diaphragme qu'aux poumons et autres
parties qui servent à la respiration. Et alors la voix
est empêchée, tellement que si peu qui leur en
demeure, c'est en mugiant[c] et balbutiant, et requé-
rant aide et secours, s'ils pouvaient parler. Pour la
curation[d], faut éviter les viandes vaporeuses et
vins forts, et généralement toutes choses qui sont
cause de faire élever les fumées au cerveau.

a. *Chauche-poulet* : nom vulgaire de l'incube (de *caucher* :
fouler, piétiner, couvrir la femelle).

b. *Reluire* : rayonner.

c. *Mugiant* : gémissant.

d. *Curation* : traitement, cure.

CHAPITRE XXXIII
DES NOUEURS D'AIGUILLETTE [1]

Nouer l'aiguillette, et les paroles ne font rien, mais c'est l'astuce du diable. Et ceux qui la nouent ne le peuvent faire sans avoir eu convention avec le diable, qui est une méchanceté damnable. Car celui qui en use ne peut nier qu'il ne soit violateur de la loi de Dieu et de Nature, d'empêcher la loi de Mariage ordonné de Dieu. De cela il advient qu'ils font rompre les mariages, ou pour le moins les tenir en stérilité, qui est un sacrilège. Davantage, ils ôtent l'amitié mutuelle du mariage et la société humaine, et mettent une haine capitale entre les deux conjoints. Pareillement sont cause des adultères et paillardises qui s'en ensuivent. Car ceux qui sont liés brûlent de cupidité l'un auprès de l'autre. D'abondant[a] il en advient souvent plusieurs meurtres commis aux personnes de ceux qu'on soupçonne avoir noué l'aiguillette, qui bien souvent n'y avaient pas pensé. Aussi, comme avons dit ci-dessus[2], les sorciers et empoisonneurs, par moyens subtils, diaboliques et inconnus, corrompent le corps, la vie, la santé et le bon entendement des hommes. Par quoi il n'y a peine si cruelle qui pût suffire à punir les sorciers, d'autant que toute leur méchanceté et tous leurs desseins se dressent contre la majesté de Dieu, pour le dépiter[b], et offenser le genre humain par mille moyens.

a. *D'abondant* : en outre.
b. *Dépiter* : défier, mépriser.

Autres histoires
non hors de propos

Aucuns[a] estiment que ce soit une chose monstrueuse de se laver les mains de plomb fondu ;
même Boaistuau en ses *Histoires prodigieuses*
chapitre huitième, récite[b] que Hierosme Cardan,
livre sixième *De subtilitate*[1], en écrit cette histoire
comme prodigieuse : Lors, dit-il, que j'écrivais
mon livre des subtiles Inventions, je vis un quidam
à Milan, lequel lavait ses mains de plomb fondu,
et prenait un écu de chacun spectateur. Cardan,
tâchant à rechercher ce secret en nature, dit que
par nécessité il fallait que l'eau de laquelle il se
lavait premièrement les mains fût extrêmement
froide et qu'elle eût une vertu[c] obscure et crasse[d] ;
toutefois ne la décrit point. Or depuis naguère j'ai
su quelle elle était, d'un Gentilhomme qui la tenait
pour un grand secret, et lava ses mains de plomb
fondu en ma présence, et de plusieurs autres, dont
je fus fort émerveillé, et lui priai affectueusement
de me dire le secret, ce que volontiers m'accorda,
pour quelque service que lui avais fait : ladite eau
n'était autre chose que son urine, de laquelle se
lavait premièrement les mains, ce que j'ai trouvé
être véritable, pour en avoir fait l'expérience depuis.
Ledit Gentilhomme, en lieu de son urine, se frot-
tait les mains d'*unguentum aureum*[2], ou d'un autre

a. *Aucuns* : quelques-uns.
b. *Récite* : raconte.
c. *Vertu* : force, propriété.
d. *Crasse* : dense, épaisse.

semblable, ce que j'ai pareillement expérimenté, et en peut-on donner raison : parce que leur substance crasse empêche que le plomb n'adhère aux mains, et le chasse de côté et d'autre en petites papillotes. Et pour l'amour de moi fit davantage : il prit une pelle de fer toute rouge et jeta dessus des tranches de lard et le fit fondre, et, tout flambant, du dégoût[a] s'en lava les mains, ce qu'il me dit faire au moyen de jus d'oignon duquel auparavant s'était lavé les mains. J'ai bien voulu réciter ces deux histoires (encore qu'elles ne soient du tout à propos), afin que quelque bon compagnon, par ce moyen, puisse gagner la passade[b] entre ceux qui ne sauraient ce secret.

CHAPITRE XXXIV

À PRÉSENT NOUS PARLERONS DES MONSTRES MARINS

Il ne faut douter qu'ainsi qu'on voit plusieurs monstres d'animaux de diverse façon sur la terre, aussi qu'il n'en soit en la mer d'étrange sorte, desquels les uns sont hommes depuis la ceinture en haut, nommés Tritons, les autres femmes, nommées Sirènes, qui sont couvertes d'écailles, ainsi que décrit Pline[1], sans toutefois que les raisons lesquelles avons alléguées par ci-devant, de la com-

a. *Dégoût* : gouttes, jus.
b. *Gagner la passade* : gagner l'estime, se faire admirer.

mixtion[a] et mélange de semence[1], puissent servir à la naissance de tels monstres. Davantage on voit, dans des pierres et plantes, effigies d'hommes et autres animaux, et de raison il n'y en a aucune, fors[b] de dire que Nature se joue en ses œuvres.

Portrait d'un Triton et d'une Sirène, vus sur le Nil.

Du temps que Mena était gouverneur d'Égypte[2], se promenant du matin sur la rive du Nil, vit sortir un homme hors de l'eau jusqu'à la ceinture, la face grave, la chevelure jaune, entremêlée de quelques cheveux gris, l'estomac, dos et les bras bien formés, et le reste de poisson. Le tiers jour d'après, vers le point du jour, un autre monstre apparut aussi hors de l'eau avec un visage de femme, car la douceur de la face, les longs cheveux

a. *Commixtion* : mélange.
b. *Fors* : sauf.

et les mamelles le montraient assez ; et demeu-
rèrent si longtemps dessus l'eau, que tous ceux de
la ville les virent l'un et l'autre à leur aise.

Rondelet[1], en son livre des Poissons, écrit qu'on
a vu un Monstre marin en la mer de Norvège,
lequel sitôt qu'il fut pris, chacun lui donna le nom
de Moine, et était tel comme tu peux voir par ce
portrait.

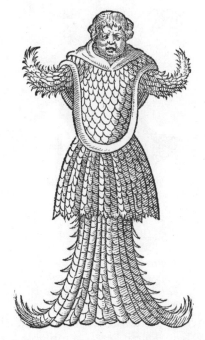

Monstre marin ayant la tête d'un Moine,
armé, et couvert d'écailles de poisson.

Un autre monstre décrit par ledit Rondelet, en façon d'un Évêque, vêtu d'écaille, ayant sa mitre et ses ornements pontificaux, comme tu vois par cette figure, lequel a été vu en Pologne, mil cinq cent trente-et-un, comme décrit Gesnerus[1].

Figure d'un monstre marin,
ressemblant à un Évêque
vêtu de ses habits pontificaux.

Hieronymus Cardanus envoya ce monstre ici à Gesnerus, lequel avait la tête semblable à un Ours, les bras et mains quasi comme un Singe, et le reste d'un Poisson, et fut trouvé en Macerie[2].

Figure d'un monstre marin,
ayant la tête d'un Ours et les bras d'un Singe.

En la mer Tyrrhène, près la ville de Castre[1], fut pris ce monstre, ayant la forme d'un Lion couvert d'écailles, lequel fut présenté à Marcel pour lors Évêque, lequel après la mort du Pape Paul troisième succéda au Papat[2a]. Icelui lion jetait une voix semblable à celle d'un homme, et avec grande admiration fut amené en la ville, et tôt après mourut, ayant perdu son lieu naturel, comme nous témoigne Philippe Forestus, au livre 3 de ses Chroniques[3], duquel la figure est telle.

Figure d'un Lion marin couvert d'écailles.

a. *Papat* : pontificat.

L'an mil cinq cent vingt-trois, le troisième jour de Novembre, fut vu ce monstre marin à Rome, de la grandeur d'un enfant de cinq ou six ans, ayant la partie supérieure humaine jusqu'au nombril, hormis les oreilles, et l'inférieure semblable à un poisson.

Image d'un monstre marin ayant figure humaine.

Gesnerus fait mention de ce monstre marin, dont il avait recouvert[a] le portrait d'un peintre, qui l'avait vu à Anvers au naturel[b], ayant la tête fort furieuse, avec deux cornes et longues oreilles, et tout le reste du corps d'un poisson, hors les bras qui approchaient du naturel, lequel fut pris en la mer Illyrique[1], se jetant hors du rivage, tâchant à prendre un petit enfant qui était près d'icelui, et étant poursuivi de près des mariniers qui l'avaient

a. *Recouvert* : recouvré, retrouvé.
b. *Au naturel* : avait vu le monstre lui-même.

aperçu, fut blessé de coups de pierres, et peu après vint mourir au bord de l'eau.

Figure hideuse d'un Diable de mer.

Ce monstre marin, ayant la tête et les crins et le devant d'un Cheval, fut vu en la mer Océane : la figure duquel fut apportée à Rome, au Pape pour lors régnant.

Figure d'un Cheval de mer.

Olaus Magnus[1] dit avoir eu ce monstre marin d'un gentilhomme Anglais, et avoir été pris près le rivage de Bergue[2], lequel ordinairement y habitait. Encore de naguère on en fit présent d'un semblable au Roi défunt[3], qu'il fit nourrir assez longtemps à Fontainebleau, lequel sortait souvent hors de l'eau, puis s'y remettait.

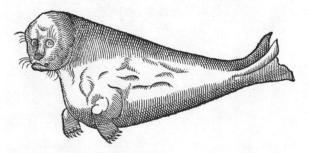

Figure d'un Veau marin.

Ce monstre marin, comme dit Olaus, fut vu en la mer, près l'île de Thylen[4], située vers le Septentrion, l'an de grâce mil cinq cent trente-huit, de grandeur presque incroyable, à savoir de soixante et douze pieds[a] de longueur, et quatorze pieds de hauteur, ayant distance entre les deux yeux de sept pieds, ou environ ; son foie était si grand qu'on en remplit cinq tonneaux ; la tête semblable à une Truie, ayant un croissant situé sur le dos, au milieu de chaque côté du corps trois yeux, et le reste tout couvert d'écailles, comme tu peux voir par cette figure.

a. Un *pied* mesure environ 30 cm.

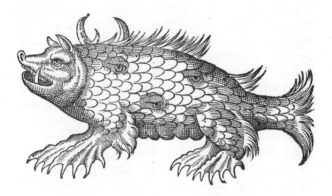

Figure d'une Truie marine.

Portrait du poisson nommé Orobon.

Les Arabes habitant le mont Mazouan, qui est le long de la mer rouge, vivent ordinairement d'un poisson nommé Orobon, grand de neuf à dix pieds, et large selon la proportion de sa grandeur, ayant écailles faites comme celles du Crocodile. Icelui est merveilleusement furieux contre les autres poissons. André Thevet[1] en fait assez ample déclaration en sa Cosmographie, où j'ai pris ce portrait, comme d'un animal fort monstrueux.

Le Crocodile, comme écrit Aristote ès[a] livres de l'histoire et parties des animaux[2], est un grand animal long de quinze coudées[b]. Il n'engendre point un animal, mais des œufs, non plus gros que ceux d'oie ; il en fait soixante au plus. Il vit longtemps, et d'un si petit commencement sort un si grand animal : car les petits éclos sont proportionnés à l'œuf. Il a la langue si empêchée[c] qu'il semble n'en avoir point, qui est cause qu'il vit partie en terre, partie en eau : comme étant terrestre, elle lui tient lieu de langue et comme étant aquatique, il est sans langue. Car les poissons, ou ils n'ont point du tout de langue, ou ils l'ont fort liée et empêchée. Le seul Crocodile entre toutes bêtes remue la mâchoire de dessus, celle de dessous demeure ferme, parce que les pieds ne lui peuvent servir à prendre ni retenir. Il a les yeux comme un pourceau, les dents longues qui lui sortent hors la gueule, les ongles[d] fort pointus, le cuir si dur qu'il n'y a flèche ni trait qui le sût percer. On fait un

a. *Ès* : dans les.
b. Une *coudée* : environ 45 cm.
c. *Empêchée* : embarrassée, gauche.
d. *Ongles* : griffes.

médicament du Crocodile nommé Crocodilée, contre les suffusions[a] et cataractes des yeux. Il guérit les lentilles[b], taches et bourgeons qui viennent à la face. Son fiel est bon contre les cataractes, appliqué ès yeux ; le sang, appliqué ès yeux, clarifie la vue.

Thevet, en sa Cosmographie, Tom. 1, chap. 8, dit qu'ils habitent ès fontaines[c] du Nil, ou en un lac qui sort desdites fontaines, et dit en avoir vu un qui avait six enjambées de long, et plus de trois grands pieds de large sur le dos, tellement que le seul regard en est hideux. La manière de les prendre est telle : subit que[d] les Égyptiens et Arabes voient que l'eau du Nil devient petite, ils lancent une longue corde, au bout de laquelle y a un hameçon de fer assez gros et large, pesant environ trois livres, auquel ils attachent une pièce de chair de chameau ou d'autre bête ; et lorsque le Crocodile aperçoit la proie, il ne faut[e] à se jeter dessus, et l'engloutir ; et, étant l'hameçon avalé bien avant, se sentant piqué, il y a plaisir à lui voir faire des sauts en l'air et dedans l'eau ; et, quand il est pris, ces barbares le tirent peu à peu jusque près le bord de la rive, ayant posé le cordeau dessus un palmier ou autre arbre, et ainsi le suspendent quelque peu en l'air de peur qu'il ne se jette contre eux et ne les dévore. Ils lui donnent plusieurs

a. *Suffusions* : épanchements sous-cutanés, cataractes.
b. *Lentilles* : taches, rousseurs sur le visage.
c. *Fontaines* : sources.
d. *Subit que* : dès que.
e. *Faut* : manque.

coups de levier[a], l'assomment et tuent, puis l'écorchent, et en mangent la chair qu'ils trouvent très bonne.

Figure de la prise des Crocodiles.

Jean de Lery[1], au chapitre 10 de son histoire de la terre du Brésil, dit que les sauvages mangent les Crocodiles, et qu'il en a vu apporter de petits aux sauvages, tout en vie, en leurs maisons, à l'entour desquels leurs petits enfants se jouent sans qu'ils leur fassent aucun mal.

Rondelet, en son livre des poissons insectes, c'est-à-dire qui sont de nature moyenne entre les

a. *Levier* : gros bâton.

plantes et animaux, baille[a] ces deux figures, l'une appelée Panache de mer, parce qu'elle représente les panaches qu'on porte aux chapeaux ; les pêcheurs, pour la similitude qu'elle a au bout du membre viril, l'appellent Vit-volant : étant vif, il s'enfle et se rend plus gros ; étant privé de vie, devient tout flétri et mollasse ; il reluit de nuit comme une étoile.

Pline écrit qu'en la mer on trouve non seulement des figures des animaux qui sont sur la terre, mais je crois que ce portrait est la grappe de laquelle il parle : car par tout le dessus représente une grappe de raisin qui est en fleur ; elle est longue comme une masse informe, pendant d'une[b] queue. Les figures desquelles te sont ici représentées.

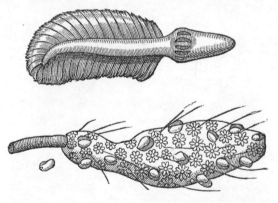

Figure de deux poissons, l'un comme un panache,
et l'autre comme une grappe de raisin.

a. *Baille* : présente.
b. *Pendant de* : attachée à.

En la mer de l'île Espagnole[1], aux terres neuves, se trouvent plusieurs poissons monstrueux, entre lesquels Thevet, livre 22, chap. 12, Tome 2 de sa Cosmographie, dit en avoir vu un fort rare qu'ils nomment en la langue du pays Aloès, et est semblable à une oie, ayant son col haut élevé, la tête faite en pointe comme une poire de bon chrétien, le corps gros comme celui d'une oie, sans écaille, ayant ses quatre nageoires sous le ventre ; et diriez à le voir sur l'eau être une Oie faisant le plonget[a] parmi les ondes de la mer.

Portrait de l'Aloès, poisson monstrueux.

a. *Plonget* : plongeon.

Figure du Limaçon de la mer Sarmatique.

La mer Sarmatique[1], qu'on dit autrement Germanique orientale, nourrit tant de poissons inconnus à ceux qui habitent ès régions chaleureuses et tant monstrueux que rien plus. Entre autres, il s'en trouve un tout ainsi fait qu'un limaçon, mais gros comme un tonneau, ayant les cornes quasi comme celles d'un Cerf, au bout desquelles, et aux rameaux d'icelles, y a de petits boutons ronds et luisants comme fines perles. Il a le col fort gros, les yeux lui éclairent comme une chandelle, son nez est rondelet et fait comme celui d'un chat, avec un petit[a] de poil tout autour, ayant

a. *Un petit* : un peu.

la bouche fort fendue, au-dessous de laquelle lui pend une éminence de chair assez hideuse à voir. Il a quatre jambes et des pattes larges et crochues, qui lui servent de nageoires, avec une queue assez longue, toute martelée[a] et colorée de diverses couleurs, comme celle d'un Tigre. Il se tient en pleine mer de force qu'il[b] est craintif : car je suis assuré qu'il est amphibie, participant de l'eau et de la terre. Quand le temps est serein, il se met en terre sur le rivage de la marine[c], là où il paît[d] et mange de ce qu'il trouve de meilleur. La chair en est fort délicate et plaisante à manger ; le sang duquel est propre contre ceux qui sont gâtés[e] du foie et qui sont pulmoniques, comme est celui des grandes tortues à ceux qui sont atteints de lèpre. Thevet dit l'avoir eu du pays de Danemark.

En la grande largeur du lac Doux, sur lequel la grande ville de Themistitan[1], au Royaume de Mexique, est bâtie sur pilotis comme Venise, se trouve un poisson grand comme un Veau marin. Les sauvages de l'Antarctique[2] l'appellent Andura ; les barbares du pays et Espagnols, qui se sont faits maîtres de ce lieu par les conquêtes de leurs terres neuves, l'appellent Hoga. Il a la tête et oreilles peu différentes d'un pourceau terrestre ; il a cinq moustaches longues de demi-pied ou environ, semblables à celles d'un gros barbeau[f] ; la chair en est

a. *Martelée* : mouchetée, tachetée.
b. *De force que* : à force de.
c. *Marine* : mer.
d. *Paît* : se nourrit.
e. *Gâtés* : malades.
f. *Barbeau* : poisson d'eau douce à barbillons.

très bonne et délicieuse. Ce poisson produit ses petits en vie, à la façon de la baleine. Si vous le contemplez lorsqu'il se joue nouant[a] dans l'eau, vous diriez qu'il est tantôt vert, or[b] jaune, et puis rouge ainsi que le Caméléon ; il se tient plus au bord du lac qu'ailleurs, où il se nourrit de feuilles d'un arbre appelé Hoga, dont il a pris son nom. Il est fort dentelé et furieux, tuant et dévorant les autres poissons, voire plus grands qu'il n'est ; c'est pourquoi on le poursuit, chasse et occit, à cause que s'il entrait aux conduits[c], il n'en laisserait pas

Portrait du Hoga, poisson monstrueux.

a. *Nouant* : nageant.
b. *Or* : tantôt.
c. *Conduits* : canaux où passent les poissons.

un en vie : par quoi celui qui plus en tue est le mieux venu. Ce qui est écrit par Thevet, chapitre 22, tom. 2 de sa Cosmographie.

André Thevet, tome 2 de sa Cosmographie, chapitre 10, en nageant[a] sur mer dit avoir vu une infinité de poissons volants[1] que les sauvages appellent Bulampech, lesquels se lancent si haut hors de l'eau d'où ils sortent, qu'on les voit choir à cinquante pas de là. Ce qu'ils font d'autant qu'ils sont poursuivis d'autres grands poissons qui en prennent leur curée. Ce poisson est petit comme un maquereau, ayant la tête ronde, le dos de couleur azurée et deux ailes aussi longues presque que tout le corps, lesquelles il cache sous les mâchoires, étant faites tout ainsi que les fanons ou ailerons avec lesquels les autres poissons s'aident pour nager ; ils volent en assez grande abondance, principalement la nuit, et en volant heurtent contre les voiles des navires et tombent dedans ; les sauvages se nourrissent de leur chair.

Jean de Lery, en son histoire de la terre du Brésil, chapitre 3, confirme ceci, et dit avoir vu sortir de la mer et s'élever en l'air de grosses troupes de poissons (tout ainsi que sur terre on voit les alouettes ou étourneaux) volant presque aussi haut hors l'eau qu'une pique[b], et quelquefois près de cent pas[c] loin. Mais aussi il est souvent advenu que quelques-uns, se heurtant contre les mâts de nos navires, tombant dedans, nous les

a. *Nageant* : naviguant.
b. *Pique* : longueur d'une pique.
c. Un *pas* mesure environ 62 cm.

Portrait de certains poissons volants.

prenions à la main[1]. Ce poisson est de forme d'un
hareng, toutefois un peu plus long et plus gros ;
il a de petits barbillons sous la gorge, et les ailes
comme d'une chauve-souris, et presque aussi
longues que tout le corps ; et est de fort bon goût
et savoureux à manger. Il y a encore une autre
chose (dit-il) que j'ai observée, c'est que, ni dedans
l'eau, ni hors de l'eau, ces pauvres poissons volants
ne sont jamais à repos : car étant dedans la mer,
les grands poissons les poursuivent pour les manger
et leur font une continuelle guerre ; et si pour
éviter cela ils se veulent sauver en l'air et au vol, il

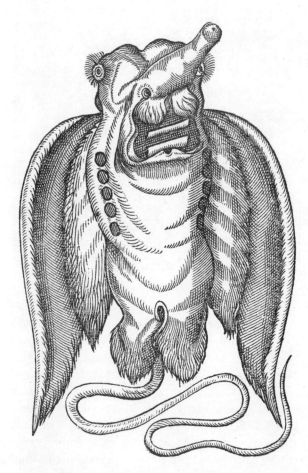

Figure d'un autre Poisson volant fort monstrueux.

y a certains oiseaux marins qui les prennent et s'en repaissent.

Entre Venise et Ravenne, une lieue au-dessus de Quioze[1], en la mer des Vénitiens, fut pris un poisson volant terrible et merveilleux à voir, de grandeur de quatre pieds[a] et plus, de largeur d'une pointe à l'autre de ses ailes deux fois autant, de grosseur d'un bon pied en carré. La tête était merveilleusement grosse, ayant deux yeux, l'un dessus, l'autre dessous, deux grandes oreilles et deux bouches ; son groin était fort charnu, vert en couleur ; ses ailes étaient doubles ; en sa gorge il avait cinq trous en façon de Lamproie ; sa queue était longue d'une aune[b], au haut de laquelle étaient deux petites ailes. Il fut apporté tout vif en ladite ville de Quioze et présenté aux seigneurs d'icelle, comme chose qui n'avait jamais été vue.

Il se trouve en la mer de si étranges et diverses sortes de coquilles, que l'on peut dire que Nature, chambrière[c] du grand Dieu, se joue en la fabrication d'icelles, dont je t'ai fait portraire ces trois, qui sont dignes de grande contemplation et admiration, dans lesquelles il y a des poissons, comme limaçons en leurs coquilles, lesquels Aristote, livre 4 de l'histoire des Animaux, nomme Cancellus, étant compagnons des poissons couverts de coques et de test[d] dur, et semblables aux langoustes, naissant à part soi[2].

a. Un *pied* : environ 30 cm.
b. Une *aune* mesure environ 1,20 m.
c. *Chambrière* : servante.
d. *Test* : coquille, écaille.

*Portraits de diverses coquilles,
ensemble du poisson qui est dedans icelles,
dit Bernard l'Ermite.*

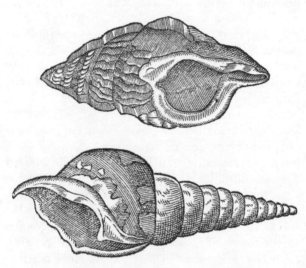

Portraits de deux coquilles vides.

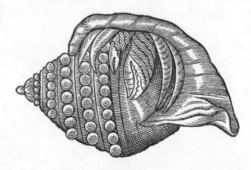

Coquille, où Bernard l'Ermite est en embuscade.

Portrait de Bernard l'Ermite nu.

Rondelet, en son livre de l'Histoire des poissons, dit qu'en Languedoc ce poisson se nomme Bernard l'Ermite ; il a deux cornes longuettes et menues, sous lesquelles il a ses yeux, ne les pouvant retirer au-dedans comme font les Cancres[a], mais toujours apparaissent avancées au-dehors ; ses pieds de devant sont fendus et fourchus, lesquels lui servent à se défendre, et à porter en sa bouche. Il en a deux autres, courbés et pointus, desquels il s'aide à cheminer. La femelle fait des œufs, lesquels on voit pendus par derrière comme petites patenôtres[b] enfilées, toutefois enveloppées et liées par petites membranes.

Elian[1], au livre 7, chapitre 31, en écrit ce qui s'ensuit. Cancellus naît tout nu et sans coquille,

a. *Cancres* : crabes.
b. *Patenôtres* : grains de chapelet.

mais après quelque temps il en choisit de propre pour y faire demeure quand il s'en trouve de vides, comme celles de pourpre[a], ou de quelque autre trouvée vide ; il s'y loge, et, étant devenu plus grand en sorte qu'il n'y peut plus tenir (ou lorsque Nature l'incite à frayer), il en cherche une plus grande où il demeure au large et à son aise ; souvent il y a combat entre eux pour y entrer, et le plus fort jette le plus faible et jouit de la place. Le même témoigne Pline, livre 9.

Il y a un autre petit poisson nommé Pinothère, de la sorte d'un Cancre, lequel se tient et vit toujours avec la Pine[b], qui est cette espèce de grande coquille qu'on appelle Nacre, demeurant toujours assis comme un portier à l'ouverture d'icelle, la tenant entrouverte jusqu'à ce qu'il y voie entrer quelque petit poisson, de ceux qu'ils peuvent bien prendre, lequel mordant la Nacre ferme sa coquille, puis tous deux grignotent et mangent leur proie ensemble.

De la Lamie[c]

Rondelet, au 3e livre des Poissons, chap. 11, écrit que ce poisson se trouve aucunefois[d] si merveilleusement[e] grand qu'à peine peut être traîné par deux chevaux sur une charrette[1]. Il mange (dit-

a. *Pourpre* : mollusque qui sécrète la pourpre.
b. *Pine* : gros mollusque à coquille triangulaire.
c. *Lamie* : sorte de requin.
d. *Aucunefois* : parfois.
e. *Merveilleusement* : extrêmement.

il) les autres poissons et est très goulu, voire dévore les hommes entiers, ce qu'on a connu par expérience.

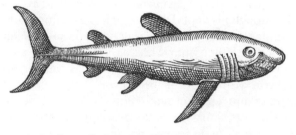

La figure de la Lamie t'est ici représentée,
que j'ai tirée du livre de Rondelet et de Gesnerus.

Car, à Nice et à Marseille, on a autrefois pris des Lamies, dans l'estomac desquelles on a trouvé un homme entier tout armé. J'ai vu (dit Rondelet) une Lamie, en Saintonge, qui avait la gorge si grande qu'un homme gros et gras aisément y fût entré : tellement que si avec un bâillon on lui tient la bouche ouverte, les chiens y entrent aisément pour manger ce qu'ils trouvent dedans l'estomac. Qui en voudra savoir davantage lise Rondelet au lieu allégué. Pareillement Corradus Gesnerus, en ses histoires des Animaux, feuillet 151, ordre 10, confirme ce que Rondelet en a écrit et dit davantage s'être trouvé des chiens tout entiers dans l'estomac de ladite Lamie, ayant fait ouverture d'icelle, et qu'elle a les dents aiguës, âpres et grosses. Rondelet dit aussi qu'elles sont de figure triangulaire, découpées des deux côtés comme une scie, disposées par six rangs : le premier duquel se montre hors de la gueule, et tendant vers le devant ; celles du second sont droites ; celles du troisième, quatrième, cinquième, sixième sont courbées vers le dedans de la bouche pour la plupart. Les Orfèvres garnissent ces dents d'argent, les appelant dents de serpent. Les femmes les pendent au col des enfants et pensent qu'elles leur font grand bien quand les dents leur sortent, aussi qu'elles les gardent d'avoir peur. J'ai souvenance d'avoir vu à Lyon en la maison d'un riche marchand une tête d'un grand poisson, lequel avait les dents semblables à cette description, et ne sus savoir le nom de ce poisson. Je crois à présent que c'était la tête d'une Lamie. J'avais proposé la faire voir au défunt Roi Charles, qui était fort curieux de voir les choses sérieuses[a] et monstrueuses ; mais deux jours après que je voulus la faire apporter, il me fut dit que le marchand, sa femme et deux de ses serviteurs étaient frappés de peste, qui fut cause qu'il ne la vit point[1].

Pline, chap. 30, livre 9 de son *Histoire naturelle*, nomme ce poisson *Nautilus* ou *Nauticus*, auquel est grandement à considérer que, pour venir au-dessus de l'eau, se met à l'envers, remontant peu à peu, pour écouler l'eau qui serait en sa coquille, afin de se rendre plus léger à naviguer, comme s'il avait épuisé la sentine[b] de son navire. Et, étant au-dessus de l'eau, il recourbe en amont deux de ses pieds qui sont joints ensemble avec une pellicule fort mince pour lui servir de voile, se servant de ses bras comme d'avirons, tenant toujours sa

a. *Sérieuses* : instructives.
b. *Sentine* : lieu de la cale d'un bateau où s'amassent les eaux.

Portrait du poisson dit Nauticus.

queue au milieu en lieu de timon ; et va ainsi sur la mer, contrefaisant les fustes[a] et galères. Que s'il se sent avoir peur, il serre son équipage et remplit sa coquille d'eau en la plongeant, et ainsi s'en va au fond.

Description de la Baleine

Nous abusons aucunement du mot de monstre pour plus grand enrichissement de ce traité ; nous mettrons en ce rang la Baleine, et dirons être le plus grand monstre poisson qui se trouve en la mer, de longueur le plus souvent de trente-six coudées[b], de huit de largeur, l'ouverture de la

a. *Fustes* : navires légers.
b. Une *coudée* mesure environ 45 cm.

bouche de dix-huit pieds[a], sans avoir aucune dent,
mais au lieu d'icelles, aux côtés des mâchoires, a
des lames comme de corne noire, qui finissent en
poils semblables à soie de pourceau, qui sortent
hors de sa bouche et lui servent de guide pour
montrer le chemin, afin qu'elle ne se heurte contre
les rochers. Ses yeux sont distants l'un de l'autre
de quatre aunes[b], et plus gros que la tête d'un
homme ; le museau court, et au milieu du front
un conduit par lequel attire l'air et jette une grande
quantité d'eau, comme une nuée, de laquelle elle
peut remplir les esquifs et autres petits vaisseaux
et les renverser en la mer. Quand elle est saoule[c],
brame et crie si fort, qu'on la peut ouïr d'une lieue
française[d] ; elle a deux grandes ailes aux côtés,
desquelles elle nage et cache ses petits quand ils
ont peur, et au dos n'en a point ; la queue est semblable à celle du Dauphin, et la remuant émeut[e] si
fort l'eau, qu'elle peut renverser un esquif ; elle est
couverte de cuir noir et dur. Il est certain par
l'Anatomie qu'elle engendre ses petits vifs, et qu'elle
les allaite : car le mâle a des testicules et membre
génital, et la femelle une matrice et mamelles.

Elle se prend en certain temps d'hiver en plusieurs lieux, mêmement[f] à la côte de Bayonne, près
un petit village distant de trois lieues ou environ
de ladite ville, nommé Biarritz, auquel fus envoyé

a. Un *pied* : environ 30 cm.
b. Une *aune* : environ 1,20 m.
c. *Saoule* : rassasiée.
d. *Lieue française* : environ 4 km.
e. *Émeut* : agite.
f. *Mêmement* : surtout.

par le commandement du Roi (qui était pour lors à Bayonne[1]) pour traiter Monseigneur le Prince de la Roche-sur-Yon, qui y demeura malade ; où j'appris et confirmai le moyen qu'ils usent pour ce faire, qu'avais lu au livre que monsieur Rondelet a écrit des poissons, qui est tel. Contre ledit village il y a une montaignette, sur laquelle dès longtemps a été édifiée une Tour tout exprès pour y faire le guet, tant le jour que la nuit, pour découvrir les baleines qui passent en ce lieu, et les aperçoivent venir, tant pour le grand bruit qu'elles font, que pour l'eau qu'elles jettent par un conduit qu'elles ont au milieu du front ; et l'apercevant venir, sonnent une cloche, au son de laquelle promptement tous ceux du village accourent avec leur équipage, de ce qui leur est nécessaire pour l'attraper. Ils ont plusieurs vaisseaux et nacelles, dont en d'aucuns il y a des hommes seulement constitués pour[a] pêcher ceux qui pourraient tomber en la mer, les autres dédiés pour combattre, et en chacun il y a dix hommes forts et puissants pour bien ramer, et plusieurs autres dedans, avec dards barbelés, qui sont marqués de leur marque pour les reconnaître, attachés à des cordes, et de toutes leurs forces les jettent sur la Baleine ; et, lorsqu'ils aperçoivent qu'elle est blessée, qui se connaît pour le sang qui en sort, lâchent les cordes de leurs dards et la suivent afin de la lasser et prendre plus facilement ; et, l'attirant au bord, se réjouissent et font godechère[b] et partissent[c], chacun ayant sa

a. *Constitués pour* : chargés de.
b. *Godechère* : bonne chère.
c. *Partissent* : partagent.

portion selon le devoir qu'il aura fait, qui se connaît par la quantité des dards qu'ils auront jetés et se seront trouvés, lesquels demeurent dedans, et les reconnaissent à leur marque. Or les femelles sont plus faciles à prendre que les mâles, pour ce qu'elles sont soigneuses de sauver leurs petits et s'amusent seulement à les cacher, et non à s'échapper.

Figure d'une Baleine prise, et le départ[a] *d'icelle.*

La chair n'est rien estimée, mais la langue, pour ce qu'elle est molle et délicieuse, la salent, semblablement le lard, lequel ils distribuent en beaucoup de provinces, qu'on mange en Carême aux pois ;

a. *Départ* : partage.

ils gardent la graisse pour brûler et frotter leurs bateaux, laquelle étant fondue ne se congèle jamais. Des lames qui sortent de la bouche, on en fait des vertugales[a], busques[b] pour les femmes, et manches de couteaux, et plusieurs autres choses ; et quant aux os, ceux du pays en font des clôtures aux jardins ; et des vertèbres, des marches[c] et selles[d] à se seoir en leurs maisons. J'en fis apporter une, que je garde en ma maison comme une chose monstrueuse.

Vraie portraiture de l'une des trois Baleines qui furent prises le deuxième de Juillet 1577 en la rivière de l'Escaut, l'une à Flessinges, l'autre à Saflinghe, et celle-ci à Hastinghe au Doël[1], environ cinq lieues d'Anvers ; elle était de couleur de bleu obscur, elle avait sur la tête une narine par laquelle elle jetait l'eau, elle avait de longueur en tout cinquante-huit pieds[e], et seize de hauteur ; la queue large de quatorze pieds ; depuis l'œil jusqu'au-devant du museau il y avait seize pieds d'espace. La mâchoire d'en-bas était longue de six pieds, en chaque côté de laquelle étaient vingt-cinq dents. Mais en haut elle avait autant de trous, dans lesquels lesdites dents d'en-bas se pouvaient cacher. Chose monstrueuse, voir la mâchoire supérieure dégarnie de dents qui devaient être opposites[f], pour la rencontre des viandes, aux dents inférieures, et

a. *Vertugales* : jupons élargis par un gros bourrelet.
b. *Busques* : lames de baleine servant à tendre un corset.
c. *Marches* : appuis pour les pieds.
d. *Selles* : sièges.
e. Un *pied* : environ 30 cm.
f. *Opposites* : situées en face.

en lieu d'icelles dents voir des trous inutiles ; la plus grande de ces dents était longue de six pouces[a] : le tout fort merveilleux et épouvantable à contempler pour la vastité[b], grandeur et grosseur de tel animal. La figure est ici représentée.

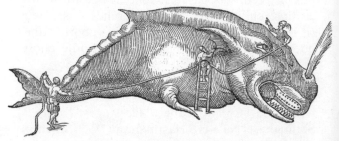

Figure d'une autre espèce de Baleine.

Pline, livre 32, chap. 1, dit qu'il y a un petit malotru poisson, grand seulement de demi pied, nommé d'aucuns *Echeneis*, d'autres *Remora*, qui mérite bien être mis ici entre les choses merveilleuses et monstrueuses, lequel retient et arrête les vaisseaux de mer tant grands soient-ils, lorsqu'il s'attache contre, quelque effort que la mer ni les hommes sachent faire au contraire, comme les flots et les vagues, et le vent étant en golfe[c] des voiles et secondé des rames ou câbles et ancres, quelque grosses et pesantes qu'elles fussent. Et de fait, on dit qu'à la défaite d'Actium, ville d'Albanie, ce poisson arrêta la galère capitainesse[d] où était

a. Un *pouce* mesurait environ 2,7 cm.
b. *Vastité* : énormité.
c. *En golfe de* : engouffré dans.
d. *Capitainesse* : qui porte le chef de la flotte.

Marcus Antonius, qui à force de rames allait donnant courage à ses gens de galère en galère ; et, pendant, l'armée d'Auguste, voyant ce désordre, investit si brusquement celle de Marcus Antonius, qu'il lui passa sur le ventre. De même advint en la galère de l'Empereur Caligula. Ce Prince voyant que sa galère seule entre toutes celles de l'armée n'avançait point, et néanmoins était à cinq[a] par bancs, entendit subit[b] la cause de l'arrêt qu'elle faisait ; promptement force plongeons[c] se jetèrent en mer, pour chercher à l'entour de cette galère ce qui la faisait arrêter, et trouvèrent ce petit poisson attaché au timon : lequel étant apporté à Caligula, fut fort fâché qu'un si petit poisson avait le pouvoir de s'opposer à l'effort de quatre cents espaliers[d] et galliots[e] qui étaient en sa galère.

Écoutez ce grand et sage Poète, le Seigneur du Bartas[1], lequel dit de bonne grâce, au cinquième livre de *La Semaine*, les vers qui s'ensuivent :

La Remore fichant son débile museau
Contre le moite bord du tempesté vaisseau,
L'arrête tout d'un coup au milieu d'une flotte
Qui suit le veuil[f] du vent et le veuil du pilote.
Les rênes[g] de la nef on lâche tant qu'on peut,
Mais la nef pour cela, charmée, ne s'émeut,
Non plus que si la dent de mainte ancre fichée

a. *Cinq* rameurs.
b. *Subit* : tout à coup.
c. *Plongeons* : plongeurs.
d. *Espaliers* : deux premiers rameurs d'un banc sur une galère.
e. *Galliots* : rameurs sur une galère.
f. *Veuil* : volonté.
g. *Rênes* : cordes.

Vingt pieds dessous Thetis[a] la tenait accrochée,
Non plus qu'un chêne encor, qui des vents irrités
A mille et mille fois les efforts dépités[b],
Ferme, n'ayant pas moins pour souffrir cette
*   guerre,*
Des racines dessous, que des branches sur terre.
Dis-nous, arrête-nef, dis-nous, comment peux-tu
Sans secours t'opposer à la jointe vertu[c]
Et des vents et des mers, et des cieux et des
*   gâches[d]?*
Dis-nous en quel endroit, ô Remore, tu caches
L'ancre qui tout d'un coup bride les mouvements
D'un vaisseau combattu de tous les éléments?
D'où tu prends cet engin[e], d'où tu prends cette
*   force,*
Qui trompe tout engin, qui toute force force?

Or qui voudra savoir plusieurs autres choses monstrueuses des poissons lise ledit Pline, et Rondelet en son livre des Poissons.

CHAPITRE XXXV

DES MONSTRES VOLATILES

Cet oiseau est dit Autruche, et est le plus grand de tous, tenant quasi du naturel des bêtes à quatre

a. *Dessous Thetis* : sous la mer.
b. *Dépités* : méprisés.
c. *Vertu* : puissance.
d. *Gâches* : rames.
e. *Engin* : intelligence, habileté.

pieds, fort commun en Afrique et en Éthiopie ; il ne bouge de terre pour prendre l'air, néanmoins passe un cheval de vitesse ; c'est un miracle de nature, que cet animal digère indifféremment toutes choses[1] ; ses œufs sont de merveilleuse grandeur, jusqu'à en faire des vases ; son pennage est fort beau, comme chacun peut connaître et voir par ce portrait.

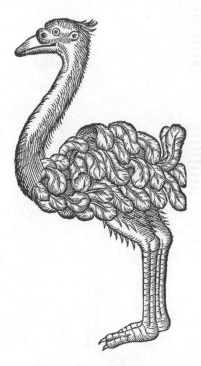

Figure d'une Autruche.

Je ne veux laisser passer sous silence de la rareté que j'ai vue touchant les os de l'Autruche. Le feu Roi Charles en faisait nourrir trois au logis de monsieur le maréchal de Retz, une desquelles étant morte, me fut donnée, et en fis un squelette. Le portrait duquel ai voulu insérer avec sa description.

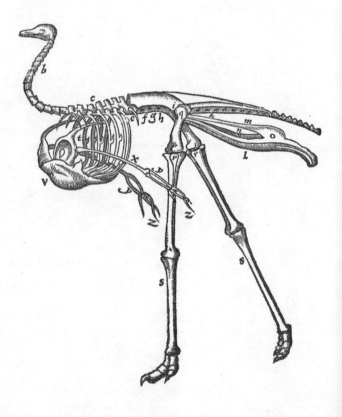

(A) La tête est un peu plus grosse que celle de la grue, longue d'un empan[a], depuis la sommité[b] de la tête tirant au[c] bec, étant plate, ayant le bec fendu jusqu'à environ le milieu de l'œil, étant icelui aucunement rond en son extrémité.

(B) Son col est de longueur de trois pieds[d], composé de dix-sept vertèbres, lesquelles ont de chacun côté une apophyse[e] transverse tirant contre bas, de longueur d'un bon pouce[f], excepté que la première et seconde proche de la tête n'en ont point, et sont conjointes par ginglyme[g].

(C) Son dos, de longueur d'un pied, est composé de sept vertèbres.

(D) L'os Sacrum est de longueur de deux pieds ou environ, au haut duquel y a une apophyse transverse, sous laquelle y a un grand pertuis[h] *(E)*, puis trois autres moindres *(F, G, H)*, suivant lesquels y a la boîte où l'os de la cuisse s'insinue *(I)*, produisant de sa partie externe latérale un os percé *(K)*, quasi en son commencement, puis est uni ; après, ledit os se fourche en deux, dont l'un est plus gros *(L)*, et l'autre moindre *(M)*, chacun de longueur de demi pied et quatre doigts[i], puis se réunissent,

a. Un *empan* mesure environ 20 cm.
b. *Sommité* : sommet.
c. *Tirant à* : dans la direction de.
d. Un *pied* : environ 30 cm.
e. *Apophyse* : éminence des os servant à leur articulation ou à des attaches musculaires.
f. Un *pouce* : environ 2,7 cm.
g. *Ginglyme* : charnière, articulation.
h. *Pertuis* : trou, ouverture.
i. Un *doigt* : environ 1,85 cm.

ayant, entre le lieu où ils se fourchent[a] et le lieu où ils se réunissent, un pertuis large de quatre doigts (*N*) et plus long d'un empan, puis ce qui reste de l'os est de figure d'une serpe ou couteau crochu, large de trois travers de doigts, longue de six pouces (*O*), puis en son extrémité se joint par synchondrose[b]. *(P)* L'os de la queue a neuf vertèbres semblables à celles de l'homme. Il y a deux os en la cuisse, dont le premier (*Q*), l'os de la cuisse, est de longueur d'un grand pied, et gros comme celui d'un cheval et plus. *(R)* L'autre qui le suit est d'un pied et demi de longueur, ayant par haut un petit focile[c] de la longueur de l'os en épointant[d] vers le bas.

(S) La jambe, où est attaché le pied, est de la longueur d'un pied et demi, ayant en son extrémité deux ongles, un grand et l'autre petit ; à chacun ongle y a trois os. *(T)* Huit côtes qui s'insèrent à l'os du Sternum, dont aux trois du milieu de chaque côte y a une production osseuse ressemblant à un croc. *(V)* L'os du Sternum est d'une pièce de grandeur d'un pied représentant une targe[e], auquel se joint un os qui chevauche les trois premières côtes, qui tient le lieu des clavicules. *(X)* Le premier os de l'aile est de longueur d'un pied et demi. *(Y)* Au-dessous de lui y a deux autres os ressemblant au Radius et Cubitus, au

a. *Fourchent* : bifurquent, se divisent.
b. *Synchondrose* : union de deux os par un cartilage.
c. *Focile* : os de l'avant-bras ou de la jambe.
d. *Épointant* : devenant pointu.
e. *Targe* : bouclier.

bout desquels sont attachés six os (Z), qui font l'extrémité de l'aile.

L'animal entier est de longueur de sept pieds, et de sept pieds et plus de haut, commençant au bec et finissant aux pieds.

Il y a plusieurs autres choses remarquables, que je laisse pour brièveté.

Thevet, en sa Cosmographie, dit qu'il a vu aux terres neuves[1] un oiseau que les sauvages appellent en leur jargon Toucan, lequel est fort monstrueux et difforme, en tant qu'il a le bec plus gros et plus long que tout le reste du corps. Il vit et mange le poivre, comme nos tourtes[a], merles et étourneaux font ici de graine de lierre, qui n'est point moins chaude que le poivre. Un gentil-homme Provençal en fit présent d'un au feu Roi Charles neuvième, ce qu'il ne put faire vif, car en l'apportant mourut, néanmoins le présenta au Roi ; lequel après l'avoir vu commanda à Monseigneur le Maréchal de Retz me le bailler[b], pour l'anatomiser et embaumer, afin de le mieux conserver ; toutefois bientôt après se putréfia. Il était de grosseur et plumage semblable à un Corbeau, reste que le bec était plus grand que le reste du corps, de couleur jaunâtre, transparent, fort léger et dentelé en manière de scie. Je le garde comme une chose quasi monstrueuse. La figure duquel t'est ici représentée.

Hierosme Cardan, en ses livres de la Subtilité[1], dit qu'aux Îles des Molucques, on trouve, sur la

a. *Tourtes* : tourterelles.
b. *Bailler* : donner.

De l'oiseau nommé Toucan.

terre ou sur la mer, un oiseau mort appelé *Manuco-
diata*, qui signifie, en langue Indique, oiseau de
Dieu, lequel on ne voit point vif. Il habite en l'air
haut, son bec et corps semblables à l'hirondelle,
mais orné de diverses plumes ; celles qui sont sur
la tête sont semblables à l'or pur, et celles de sa
gorge à celles d'un canard ; sa queue et ailes semblables à celles d'une pannasse[a]. Il n'a aucun pied,
et si quelque lassitude le prend, ou bien qu'il veuille
dormir, il se pend par ses plumes, lesquelles il
entortille au rameau de quelque arbre. Icelui vole
d'une merveilleuse vitesse, et n'est nourri que de
l'air et rosée. Le mâle a une cavité sur son dos, où

a. *Pannasse* : paonne.

la femelle couve ses petits. J'en ai vu un en cette ville, que l'on donna au défunt Roi Charles neuvième ; et aussi j'en garde un en mon cabinet, qu'on m'a donné par grande excellence[a].

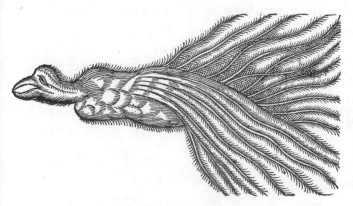

Portrait de l'oiseau de Paradis.

CHAPITRE XXXVI

DES MONSTRES TERRESTRES

André Thevet, tome 1, livre 4, chap. 11[1], dit qu'en l'île de Zocotère[2], qu'on voit une bête qui s'appelle Huspalim, grosse comme un marmot Éthiopien, fort monstrueuse, que les Éthiopiens tiennent en de grandes cages de jonc, ayant la

a. *Par grande excellence* : à cause de son excellence.

peau rouge comme écarlate, quelque peu mouchetée, la tête ronde comme une boule, les pieds
ronds et plats sans ongles offensives, laquellé ne
vit que de vent. Les Mores[a] l'assomment, puis la
mangent après lui avoir donné plusieurs coups de
bâton, afin de rendre sa chair plus délicate et aisée
à digérer.

Figure d'une bête nommée Huspalim.

Au Royaume de Camota, d'Ahob, de Benga, et
autres montagnes de Cangipu, Plimatiq et Cara-
gan, qui sont en l'Inde intérieure par-delà le fleuve
de Gange, quelque cinq degrés par-delà le Tropique

a. *Mores* : Africains.

Figure du Girafe.

de Cancer, se trouve les bêtes appelées des Germains Occidentaux Girafe ; cet animal diffère peu, de tête et oreilles et de pieds fendus, à nos biches. Son col est long d'environ une toise[a] et subtil[b] à merveille, et diffère pareillement de jambes, d'autant qu'il les a autant haut élevées que bête qui soit sous le ciel. Sa queue est ronde, qui ne passe point les jarrets, sa peau belle au possible, et quelque peu ronde[1], à cause du poil qui est plus long que celui de la vache. Elle est mouchetée en plusieurs endroits de taches tirant entre blanc et tanné,

a. Une *toise* mesure six pieds, soit près de 2 m.
b. *Subtil* : mince, fin.

comme celle du Léopard, qui a donné argument à
quelques Historiographes Grecs de lui donner le
nom de Chamaeleopardalis. Cette bête est si sauvage
avant que d'être prise, que bien peu souvent se
laisse voir, se cachant par les bois et déserts du
pays, où autres bêtes ne repaissent[a] point. Et dès
aussitôt qu'elle voit un homme, elle tâche à gagner
au pied[b], mais finalement on la prend, parce qu'elle
est tardive en sa course. Au reste, prise qu'elle est,
c'est la bête la plus douce à gouverner qu'autre qui
vive. Sur sa tête apparaissent deux petites cornes
longues d'un pied ou environ, lesquelles sont assez
droites et environnées de poil tout autour ; une
lance n'est point plus haute qu'elle lève sa tête en
haut[1]. Elle se paît d'herbes et vit aussi de feuilles et
branches d'arbres, et aime bien le pain, chose
qu'atteste et figure André Thevet, livre 11, chap. 13,
tom. 1 de sa Cosmographie.

André Thevet, tome 1, chap. 10, en sa Cosmographie, dit que du temps qu'il était sur la mer
rouge, arrivèrent certains Indiens de terre ferme
qui apportèrent un monstre de grandeur et proportion d'un Tigre, n'ayant point de queue, mais la
face toute semblable à celle d'un homme bien
formé, fors que[c] le nez était camus, les mains de
devant comme d'un homme et les pieds de derrière ressemblant à ceux d'un Tigre, tout couvert
de poil basané ; et, quant à la tête, oreilles, col et
bouche, comme l'homme, ayant les cheveux bien

a. *Repaissent* : se nourrissent.
b. *Gagner au pied* : s'enfuir.
c. *Fors que* : sauf que.

peu noirs et crêpelus, de même les Mores qu'on voit en Afrique. C'était la nouveauté que ces Indiens apportaient pour faire voir, pour l'honnêteté[1] et courtoisie de leur terre, et nommaient cette gentille bête *Thanacth*, laquelle ils tuent à coups de flèches, puis la mangent[2].

Figure de la bête Thanacth.

Thevet, en sa Cosmographie, tome 2, chap. 13, dit qu'en Afrique se trouve une bête nommée des sauvages Haiit, fort difforme, et est presque incrédible qu'il en soit de telle qui ne l'aurait vue[3]. Elle peut être de grandeur [d'] une grosse Guenon, ayant son ventre avallé[a] et proche de terre, quoiqu'elle

a. *Avallé* : abaissé.

Figure d'une bête monstrueuse,
laquelle ne vit que de vent, dite Haiit.

soit debout ; sa face et tête sont presque semblables à celles d'un enfant. Ce Haiit, étant pris,
jette de grands soupirs ni plus ni moins que ferait
un homme atteint de quelque grande et excessive
douleur. Elle est de couleur grise, n'ayant que trois
ongles à chaque patte, longue de quatre doigts[a],
faits en formes d'arêtes d'une carpe, avec lesquelles
griffes qui sont autant ou plus tranchantes que
celles d'un Lion, ou autre bête cruelle, elle monte
sur les arbres, où elle fait plus sa résidence qu'en
terre. Elle a la queue longue seulement de trois

a. Un *doigt* : environ 1,85 m.

doigts. Au reste, c'est un cas étrange que jamais homme ne saurait dire l'avoir vue manger de chose quelconque, quoique les Sauvages en aient tenu longtemps dedans leurs loges pour voir si elles mangeraient quelque chose, et disaient les Sauvages que seulement elles vivaient de vent.

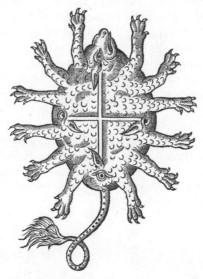

*Figure d'un animal fort monstrueux
naissant en Afrique.*

J'ai retiré de Jean Leon[1], en son histoire d'Afrique, cet animal fort monstrueux de forme ronde, semblable à la Tortue, et sur le dos sont croisés et signés[a] deux lignes jaunes en figure de croix, à chaque bout desquelles lignes est un œil et une

a. *Signés* : marqués.

oreille, tellement qu'en quatre parts et de tous côtés
ces animaux voient et oyent des quatre yeux et des
quatre oreilles, et toutefois n'ont qu'une seule bouche
et ventre, où descend ce qu'ils boivent et mangent.
Ces bêtes ont plusieurs pieds autour du corps,
avec lesquels peuvent cheminer de quelque côté
qu'ils veulent sans contourner[a] le corps, la queue
assez longue, le bout de laquelle est fort touffu de
poil. Et affirment les habitants de ce pays que le
sang de ces animaux est de merveilleuse vertu
pour conjoindre et consolider les plaies, et n'y a
baume qui ait plus grande puissance de ce faire.

Mais qui est celui qui ne s'émerveillera grandement de contempler cette bête, ayant tant d'yeux,
oreilles et pieds, et chacun faire son office[b]? Où
peuvent être les instruments dédiés à telles opérations? Véritablement, quant à moi, j'y perds mon
esprit, et ne saurais autre chose dire, fors que[c]
Nature s'y est jouée, pour faire admirer la grandeur de ses œuvres.

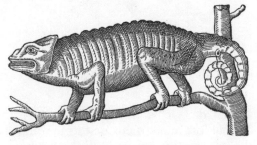

Portrait d'un Caméléon.

a. *Contourner* : tourner.
b. *Office* : fonction.
c. *Fors que* : sauf que.

On trouve cet animal nommé Caméléon en Afrique, et est fait comme un lézard, sinon qu'il est plus haut de jambes ; davantage il a les flancs et le ventre ensemble comme les poissons ; aussi il a des arêtes sur le dos, comme on voit aux poissons ; il a mufle comme un petit cochon, la queue fort longue, qui va toujours en appointant[a], ses ongles fort aigus, et marche aussi pesamment qu'une Tortue, et a le corps rude et écaillé comme un Crocodile ; il ne ferme jamais l'œil et ne bouge point la prunelle. Au reste, c'est une chose admirable de parler de sa couleur, car à toutes heures, principalement quand il s'enfle, il la change : qui se fait à cause qu'il a le cuir fort délié[b] et mince, et le corps transparent ; tellement que de deux choses l'une, ou qu'en la ténuité de son cuir transparent est aisément représentée, comme en un miroir, la couleur des choses qui lui sont voisines (ce qui est le plus vraisemblable), ou que les humeurs[c], en lui émus[d] diversement selon la diversité de ses imaginations, représentent diverses couleurs vers le cuir, non autrement que les pendants d'un coq d'Inde ; étant mort il est pâle. Matthiole[1] dit que, si on lui arrache l'œil droit quand il est en vie, il nettoie les taches blanches qui sont sur la cornée, mêlé avec du lait de chèvre ; si on se frotte de son corps le poil tombe ; son fiel digère et ôte les cataractes des yeux. J'ai observé cette description en celui que j'ai en mon logis[2].

a. *Appointant* : en devenant de plus en plus pointue.
b. *Délié* : fin.
c. *Humeurs* : liquides corporels.
d. *Émus* : agités.

CHAPITRE XXXVII

DES MONSTRES CÉLESTES

Les anciens nous ont laissé par écrit que la face du Ciel a été tant de fois défigurée de Comètes barbues, chevelues, de torches, flambeaux, colonnes, lances, boucliers, batailles de nuées, dragons, duplication de Lunes et Soleils, et autres choses, ce que je n'ai voulu omettre, pour accomplir[a] ce livre des Monstres ; et pour ce en premier lieu je produirai cette histoire, figurée aux *Histoires prodigieuses* de Boaistuau, lequel dit l'avoir tirée de Lycosthène[1].

L'antiquité, dit-il, n'a rien expérimenté de plus prodigieux en l'air que la Comète horrible de couleur de sang qui apparut en Westrie[2], le neuvième jour d'Octobre mil cinq cent vingt-huit. Cette Comète était si horrible et épouvantable qu'elle engendrait si grande terreur au vulgaire qu'il en mourut aucuns[b] de peur ; les autres tombèrent malades. Cette étrange Comète dura une heure et un quart, et commença à se produire du côté du Soleil levant, puis tira vers le midi ; elle apparaissait être de longueur excessive, et si était de couleur de sang. À la sommité[c] d'icelle on voyait la figure d'un bras courbé tenant une grande épée en la main, comme s'il eût voulu frapper. Au bout de la pointe il y avait trois étoiles ; mais celle qui

a. *Accomplir* : compléter.
b. *Aucuns* : quelques-uns.
c. *Sommité* : sommet.

était droitement sur la pointe était plus claire et luisante que les autres. Aux deux côtés des rayons de cette Comète, il se voyait grand nombre de haches, couteaux, épées colorées de sang, parmi lesquelles il y avait grand nombre de faces humaines hideuses, avec les barbes et cheveux hérissés, comme la voyez par cette figure.

Figure d'une Comète admirable vue en l'air.

Josèphe et Eusèbe[1] écrivent qu'après la passion de Jésus-Christ la misérable destruction de la ville de Jérusalem fut signifiée par plusieurs signes, et même entre les autres une épouvantable comète en forme d'épée luisante en feu, laquelle apparut bien l'espace d'un an sur le temple, comme démontrant que l'ire divine se voulait venger de la nation Judaïque par feu, par sang et par famine. Ce qui advint, et y eut une si calamiteuse famine que les mères mangèrent leurs propres enfants ; et périrent en la cité, du siège des Romains, plus de douze cent mille Juifs, et en fut vendu plus de quatre-vingt-dix mille.

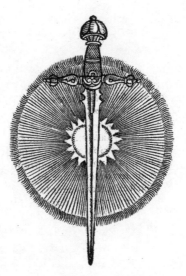

La figure de la Comète t'est ici représentée.

Les comètes ne sont jamais apparues sans produire quelque mauvais effet et laisser un sinistre événement. Le Poète Claudian[1] :

Oncques[a] *au ciel Comète on n'a pu voir,*
Que quelque mal ne nous fasse apparoir[b].

Les Astronomes ont divisé les corps célestes en
deux bandes[1] : l'une, appelée étoiles fixes et arrê-
tées, que l'on voit bluetter[c] ou étinceler au Ciel,
comme s'ils fussent feux embrasés. Les autres
sont errantes, appelées Planètes, qui ne bluettent
point, et sont au nombre de sept, ayant chacune
son ciel, cercle, rond, ou étage[d] ; leurs noms sont
Saturne, Jupiter, Mars, Sol, Vénus, Mercure et
Lune. Les étoiles sont corps sphériques apparents
et luisants, composés de simple et pure matière
comme le Ciel, et nul n'en sait le nombre ni les
noms, fors que[e] Dieu. Or lesdites planètes font
leurs cours par le Zodiaque (qui est un des princi-
paux et le plus grand cercle du Ciel, et la vraie
route du Soleil), qui traverse ou environne biaisement[f] le Ciel, la nuit et le jour, afin que toutes les
contrées de la terre jouissent alternativement des
quatre saisons de l'année, par le moyen du Soleil
qui sans cesse monte et dévale[g], éclairant et nour-
rissant en l'espace d'un an tout le rond de la terre.
Il est le chariot et fontaine de la lumière des corps
célestes, n'en étant que petits ruisseaux, par quoi
est nommé Roi des étoiles, et le plus grand de tous

a. *Oncques* : jamais.
b. *Apparoir* : apparaître.
c. *Bluetter* : scintiller.
d. *Étage* : degré d'élévation.
e. *Fors que* : sauf.
f. *Biaisement* : obliquement.
g. *Dévale* : descend.

les corps célestes. Il est de trois épicycles, c'est-à-
dire ciels ou étages, au-dessus de la Lune ; il marche
au milieu de six planètes : si elles s'approchent de
lui, pour n'empêcher sa route se retirent à l'écart
au plus haut de leurs petits épicycles ou cercles ;
puis, lui passé, elles dévalent au plus bas, pour
l'accompagner et accoster[a] comme les Princes font
leur Roi. Et lors ayant fait leur devoir, s'arrêtent
et d'une révérence honteuse[b] reculent en arrière,
descendant au fond de leurs épicycles, pour
contempler, comme de loin, la face de leur seigneur. Et quand il rapproche, en reculant elles
regagnent le haut de leurs épicycles pour aller
au-devant de lui, de sorte que, le sentant à quatre
signes près, elles font semblant de l'attendre, puis,
lui ayant fait la bienvenue, marchent devant lui
un peu à l'écart, pour ne donner empêchement à
sa carrière et course naturelle.

Celle qui est nommée Saturne, par l'estimation
des Astronomes, est quatre-vingt-dix fois ou environ
plus grosse que toute la terre, de laquelle elle est
loin de plus de trente-six millions de lieues françaises[c]. La grandeur de celle nommée Jupiter est
estimée nonante et six fois plus grosse que le dia-
mètre de la terre, et en est éloignée de plus de
vingt-deux millions de lieues. La planète de Mars
est aussi grosse que la terre, et est éloignée d'icelle
de trois millions cinquante-quatre mille deux cent
quatre lieues. La Lune signifie mois, parce que

a. *Accoster* : aller, ou être, aux côtés de.
b. *Honteuse* : timide, pudique.
c. Une *lieue française* : environ 4 km.

tous les mois elle se renouvelle ; elle est éloignée de la terre de octante mille deux cent treize lieues ; elle est plus épaisse et obscure que les autres étoiles, attachée à sa sphère qui la porte par certains mouvements, tours et retours étant limités, créée de Dieu pour remarquer[a] aux hommes les temps et saisons, et besogner[b] par sa lumière et mouvement ès corps inférieurs.

Le globe du Soleil est soixante et six fois plus grand que celui de la terre, et est presque sept mille fois plus grand que la Lune ; Ptolémée et autres astronomes ont trouvé par inventions[c] géométriques qu'il était cent soixante et six fois plus grand que toute la terre ; il vivifie tous les animaux[d], non seulement ceux qui sont sur la terre, mais aussi ceux qui sont au profond des eaux. Le seigneur du Bartas l'appelle postillon continuel, fontaine de chaleur, source de clarté, vie de l'univers, flambeau du monde et ornement du Ciel[1]. Davantage, le Soleil fait son tour du Ciel autour de la terre en vingt-quatre heures, et cause les commodités et agréables révolutions du jour et de la nuit, pour le soulagement et contentement de l'homme et de tous animaux.

Que le Lecteur considère et adore ici l'admirable sagesse et puissance du Créateur, en la grandeur, vitesse continuelle, incroyable rapidité, lueur et chaleur immense, et conjonctions et mouve-

a. *Remarquer* : marquer.
b. *Besogner ès* : agir sur.
c. *Inventions* : découvertes.
d. *Animaux* : êtres vivants.

ments contraires[1] en un si noble corps que celui du Soleil, qui en une minute d'heure fait plusieurs milliers de lieues sans qu'on l'aperçoive bouger, et n'en reconnaît-on rien qu'après qu'il est fort avancé en sa course. Qui plus est, la moindre étoile est dix-huit fois plus grande que toute la terre. Ceci soit dit non seulement pour une grande spéculation[a], mais à la louange du Créateur et pour humilier l'homme qui fait tant de bruit en la terre, qui n'est rien qu'un point au regard de la machine céleste.

Outre plus, il y a au Ciel douze signes, à savoir Aries, Taurus, Gemini, Cancer, Leo, Virgo, Libra, Scorpius, Sagittarius, Capricornus, Aquarius, Pisces, tous lesquels sont différents. L'usage d'iceux est que par leur conjonction avec le Soleil, ils augmentent ou diminuent la chaleur d'icelui, à ce que par telle variété de chaleur soient produites les quatre saisons de l'année, la vie et conservation soit donnée à toutes choses. Les cieux sont une quintessence des quatre éléments faits de rien, c'est-à-dire sans matière.

Holà, ma plume, arrête-toi! Car je ne veux ni ne puis entrer plus avant au cabinet sacré de la divine majesté de Dieu. Qui en voudra savoir davantage lise Ptolémée, Pline, Aristote, Milichius, Cardan et autres astronomes[2], et principalement le seigneur du Bartas et son interprète, qui en ont très doctement et divinement écrit au 4. jour de *La Semaine*, où l'on trouvera pour[b] se contenter ; et confesse en

a. *Spéculation* : observation (des astres).
b. *Pour* : de quoi.

avoir retiré les choses ci-dessus mentionnées, pour instruire le jeune Chirurgien à la contemplation des choses célestes. Et ici chanterons avec ce grand prophète divin, Psal. 19 :

> *Les Cieux en chacun lieu*
> *La puissance de Dieu*
> *Racontent aux humains :*
> *Ce grand entour*[a] *épars*
> *Publie en toutes parts*
> *L'ouvrage de ses mains.*

Et au Psaume 8 :

> *Et quand je vois et contemple en courage*[b]
> *Les Cieux, qui sont de tes doigts haut ouvrage,*
> *Étoiles, Lune, et signes différents,*
> *Que tu as faits et assis en leurs rangs,*
> *Alors je dis à part moi, ainsi comme*
> *Tout ébahi : et qu'est-ce que de l'homme,*
> *D'avoir daigné de lui te souvenir,*
> *Et de vouloir en ton soin le tenir*[1]*?*

Davantage, je ne veux laisser ici à écrire choses monstrueuses et admirables qui se sont faites au Ciel ; et premièrement Boaistuau écrit, en ses *Histoires prodigieuses*, qu'en Sugolie[2], située sur les confins de Hongrie, il tomba une pierre du ciel avec un horrible éclatement, le septième jour de Septembre 1514, de la pesanteur de deux cent cin-

---

a. *Entour* : espace environnant.
b. *En courage* : avec cœur.

quante livres, laquelle les citoyens ont fait enclaver[a] en une grosse chaîne de fer au milieu de leur
temple, et se montre avec grand merveille à ceux
qui voyagent par leur province : chose merveilleuse comme l'air peut soutenir telle pesanteur.
Pline écrit que, durant les guerres des Cimbres,
furent ouïs de l'air sons de trompettes et clairons
avec grand cliquetis d'armes. Aussi il dit davantage que, durant le Consulat de Marius, il apparut
des armées au Ciel, dont les unes venaient d'Orient,
les autres d'Occident, et se combattirent les unes
contre les autres longuement, et que celles d'Orient
repoussèrent celles d'Occident. Ce même a été vu,
l'an 1535, en Lusalie vers un bourg nommé Juben[1],
sur les deux heures après midi. Davantage [l'an]
1550, le 19. de Juillet, au pays de Saxe, non fort
loin de la ville de Wittemberg, fut vu en l'air un
grand Cerf environné de deux grosses armées, lesquelles faisaient un grand bruit en se combattant,
et à l'instant même le sang tomba sur la terre
comme une forte pluie ; et le Soleil se fendit en
deux pièces, dont l'une semblait être tombée en
terre. Aussi avant la prise de Constantinople, il
apparut une grande armée en l'air, avec une infinité de chiens et autres bêtes. Julius Obsequens[2]
dit que, l'an 458, en Italie, il plut de la chair par
gros et petits lopins[b], laquelle fut en partie dévorée
par les oiseaux du ciel avant qu'elle tombât en
terre, et le reste qui chut à terre demeura longtemps sans se corrompre, ni changer de couleur

a. *Enclaver* : enfermer, fixer.
b. *Lopins* : morceaux.

ni d'odeur. Et qui plus est, l'an 989, régnant Otton Empereur troisième de ce nom, plut du ciel du froment. En Italie, l'an 180, il plut du lait et de l'huile en grande quantité, et les arbres fruitiers portèrent du froment. Lycosthène raconte qu'en Saxe il plut des poissons en grand nombre ; et que, du temps de Louis Empereur, il plut, trois jours et trois nuits durant, du sang ; et que, l'an 989, il tomba, vers la ville de Venise, neige rouge comme sang ; et que, l'an 1565, en l'Évêché de Dole, il plut du sang en grande quantité. Ce qui advint la même année, le mois de Juin, en Angleterre.

Et non seulement se fait des choses monstrueuses en l'air, mais aussi au Soleil et en la Lune. Lycosthène écrit que, durant le siège de Magdebourg, du temps de l'Empereur Charles cinquième, sur les sept heures du matin, il apparut trois Soleils, desquels celui du milieu était fort clair, les autres deux tiraient sur le rouge et couleur de sang, et apparurent tout le jour ; aussi sur la nuit apparurent trois Lunes. Ce même est advenu en Bavière, 1554. Et si au ciel s'engendrent telles nouvelles[a], nous trouverons la terre produire d'autant ou plus admirables et dangereux effets. L'an 542, toute la terre trembla, et même le mont Ætna vomit force flammes et flammèches, dont la plus grande part des villes et villages et biens de ladite Île furent embrasés.

a. *Nouvelles* : faits inouïs.

CHAPITRE XXXVIII

Abraham Ortelius, au *Théâtre de l'univers*[1], décrit qu'il y a en Sicile une montagne brûlante, nommée Ætna ; de cette montagne ont écrit plusieurs Philosophes et Poètes, parce que continuellement elle jette feu et fumée, laquelle a plus de trente lieues d'Italie de hauteur[2], et plus de cent lieues de circuit par en-bas, comme Facellus[3] écrit, qui l'a très bien regardée, et avec non moindre curiosité[a] décrite. Par-dessus de cette continuelle flamme qui ne s'éteint point, elle jette aucune fois[b] telle quantité de feu que tout le pays circonvoisin en est totalement gâté[c] et brûlé. Mais combien de fois cela est venu, nos prédécesseurs ne l'ont pas couché par mémoire ; néanmoins, ce que les auteurs en ont écrit, nous le raconterons ici brièvement, et selon le dire de Facelle.

L'an de la fondation de la ville de Rome 350, cette montagne vomit tant de feu que, par les brasiers et charbons qui en sortirent, furent brûlés plusieurs champs et villages. 250 ans après advint le semblable. 37 ans après ceci elle dégorgea et jeta tant de cendres chaudes que les toits et couvertures des maisons de la ville de Catane, située au pied de cette montagne, de la pesanteur d'icelles furent ruinées. Elle fit semblablement grand dommage du temps de l'Empereur Caligula, et puis

a. *Curiosité* : soin.
b. *Aucune fois* : parfois.
c. *Gâté* : ravagé, dévasté.

après l'an 254, le premier jour de Février. L'an 1169, elle abattit, par le feu continuel qui en sortait, plusieurs rochers, et causa tel tremblement de terre que la grande Église de la ville de Catane en fut démolie et abattue ; et l'Évêque avec les Prêtres et gens qui y étaient pour lors furent assommés et froissés[a]. L'an 1329, le premier jour de Juillet, ayant fait nouvelle ouverture, abattit et ruina par ses flammes, et tremblement de terre qui en advint, plusieurs Églises et maisons situées à l'entour de ladite montagne ; elle fit tarir plusieurs fontaines, jeta dans la mer plusieurs bateaux qui étaient à terre, et au même instant se fendit encore en trois endroits de telle impétuosité qu'elle renversa et jeta en l'air plusieurs rochers, voire aussi des forêts et vallées, jetant et vomissant tel feu par ces quatre conduits infernaux, qu'il découlait de ladite montagne en bas comme de ruisseaux bruyants, ruinant et abattant tout ce qu'il rencontrait ou lui faisait résistance. Tout le pays circonvoisin fut couvert de cendres sortant hors de ces dites gueules ardentes au sommet de la montagne, et beaucoup de gens en furent étouffés, de manière que lesdites cendres de cette odeur sulfurée furent transportées du vent (qui soufflait alors du Septentrion) jusqu'à l'Île de Malte, qui est distante de 160 lieues Italiques de cette montagne-là. L'an 1444, se démenait derechef fort terriblement, en vomissant feux et cailloux.

Après ce temps-là, elle cessait de jeter feux et fumée, tellement qu'on l'estimait totalement éteinte

a. *Froissés* : blessés, brisés.

et ne devoir plus brûler. Mais ce beau temps-là (par manière de dire) était bientôt passé. Car l'an 1536, le 22. de Mars, elle recommença à vomir force flammes ardentes, qui abattirent tout ce qu'elles rencontrèrent en chemin. L'Église de S. Leon, située dedans la forêt, tomba par le tremblement de la montagne, et incontinent[a] après elle fut tellement embrasée du feu qu'il n'en reste plus rien sinon un monceau de pierres brûlées. Tout ceci était une chose bien horrible, mais ce n'était encore rien au prix de ce qui est advenu depuis en l'an 1537, le premier jour de Mai. Premièrement toute l'Île de Sicile trembla douze jours durant ; après il fut ouï un horrible tonnerre, avec un éclat bruyant, tout ainsi que les grosses artilleries, dont plusieurs maisons se démentirent[b] par toute cette Île. Ceci dura environ l'espace d'onze jours ; après cela, elle se fendit en plusieurs et divers endroits, desquelles fentes et crevasses sortit telle quantité de flammes de feu qui descendirent de ladite montagne, qu'en l'espace de quatre jours ruinèrent et mirent en cendres tout ce qu'il y avait à quinze lieues à la ronde, voire aussi plusieurs villages furent entièrement brûlés et ruinés. Les habitants de Catane et plusieurs autres abandonnant leurs villes s'enfuirent aux champs. Un peu de temps après, le trou qui est au sommet de la montagne jeta trois jours consécutifs telle quantité de cendres que non seulement cette montagne en fut couverte, mais qui plus est elle s'épandit[c] et fut chassée

a. *Incontinent* : aussitôt.
b. *Se démentirent* : s'écroulèrent.
c. *S'épandit* : s'étendit.

du vent jusqu'aux extrémités de cette île, voire, outre la mer, jusqu'en Calabre. Certaines navires voguant en la mer pour aller de Messine à Venise, distant de cette île trois cents lieues Italiques, ont été entachées de cendres susdites.

Voici ce que Facelius en écrit en langue Latine de ses[1] histoires tragiques, mais beaucoup plus au long. Il y a environ trois ans que les nouvelles vinrent à Anvers[2] que ladite montagne avait grandement endommagé le pays par ses feux. En cette Île furent jadis plusieurs villes magnifiques, comme Syracuse, Agrigente et autres ; pour le présent, Messine, Palerme y sont les principales.

Marc Paul Vénitien, au 2. livre des pays Orientaux, chap. 64, dit que la ville de Quinsay[3] est la plus grande ville du monde, et qu'elle a cent milles d'Italie de circuit ; où il y a douze mille ponts de pierre, sous lesquels les vaisseaux à mâts élevés peuvent passer. Elle est en mer comme Venise. Il affirme y avoir séjourné : ce que j'ai recueilli de l'interprète de Saluste du Bartas[4] en son quatrième jour de *La Semaine*, feuillet cent soixante-six.

Il advient pareillement choses admirables ès eaux. Car on a vu sortir des abymes et gouffres de la mer grosses flammes de feu au travers de l'eau, chose fort monstrueuse, comme si grande quantité d'eau ne suffoquait le feu : en cela Dieu se montre incompréhensible comme en toutes ses œuvres. Lucio Maggio, en son discours du tremblement de terre[5], dit qu'on a vu que par un tremblement de terre l'eau de la mer s'échauffa de telle sorte qu'elle fit fondre toute la poix autour des navires qui étaient pour lors à la rade, jusqu'à voir les poissons nager sur l'eau quasi tout cuits, et moururent infinies personnes et bêtes par l'extrême chaleur. Pareillement on a vu en mer calme en un moment les navires abîmer[a], à raison qu'ils passent sur quelques abîmes, où l'eau est morte et impuissante de soutenir faix[b]. Davantage en la mer il y a des rochers de pierre d'aimant, que, si les navires passent trop près, à cause du fer sont engloutis et perdus au profond de la mer. Somme, il se trouve d'étranges et monstrueuses choses en la mer, ce qui est prouvé par ce grand Prophète David, qui dit :

Psaume 104[1]

En cette mer navires vont errant,
Puis la Baleine, horrible monstre et grand,
Y as formée, qui bien à l'aise y noue[c],
Et à son gré par les ondes se joue.

a. *Abîmer* : couler.
b. *Faix* : poids.
c. *Noue* : nage.

DOSSIER

CHRONOLOGIE
(1510-1590)

1510. Naissance d'Ambroise Paré à Bourg-Hersent, près de Laval (Mayenne). Il est le quatrième enfant de la fratrie. Son père est un petit artisan. Il reçoit une éducation très fruste.

1525. Il séjourne à Angers, puis fait un apprentissage de barbier-chirurgien à Vitré (Ille-et-Vilaine) chez son frère Jean, lui-même du métier.

1529. Arrivée probable à Paris ; il suit des cours de médecine et de chirurgie.

1533-1536. Assistant barbier-chirurgien à l'Hôtel-Dieu de Paris, l'hôpital principal de la ville.

1537-1538. Baptême du feu : il fait la campagne du Piémont comme chirurgien militaire au service du baron de Montjean.

1539-1542. Chirurgien à Paris.

1540. Obtient le grade de maître barbier-chirurgien.

1541. Épouse Jeanne Mazelin. Ils auront quatre enfants, dont seule une fille survivra.

1542-1545. Différentes campagnes militaires, à Perpignan, en Bretagne, à Boulogne, en tant que chirurgien.

1545. Publie son premier ouvrage : *La Méthode de traicter les playes faictes par hacquebutes et aultres bastons à feu et de celles qui sont faictes par flèches, dardz et semblables, aussy des combustions spécialement faictes par la pouldre à canon.*

1549-1552. Il participe à la guerre dans le nord-est de la France, sous les ordres du duc de Rohan.

1552. Passe au service d'Antoine de Bourbon, duc de Vendôme.

Participe à la défense de Metz contre les armées de Charles Quint.

Pratique pour la première fois la ligature des artères après amputation.

Henri II le nomme chirurgien ordinaire du roi.

1553. Toujours en campagne dans le Nord-Est, Paré est fait prisonnier au siège de Hesdin ; libéré, il rentre à Paris.

1554. Promu successivement bachelier, puis licencié, puis maître en chirurgie et membre du collège de Saint-Côme, siège de la confrérie des chirurgiens à Paris.

1557-1558. Participe à la guerre contre les Espagnols dans le Nord-Est.

1559. De retour à Paris, il soigne Henri II blessé lors d'un tournoi.

1562. Nommé par Catherine de Médicis premier chirurgien du roi Charles IX.

Participe dans l'armée royale aux premières batailles des guerres de Religion.

1564-1566. Suit Charles IX, Catherine de Médicis et la cour dans leur tour de France.

1567-1569. Soigne, toujours comme chirurgien militaire, plusieurs chefs blessés dans les guerres de Religion.

1572. Soigne le duc de Coligny le jour même de la Saint-Barthélemy et échappe de justesse au massacre.

1573. **Première édition de *Des monstres et prodiges***, dans *Deux livres de chirurgie [...]*, Paris, André Wechel, 1573.

Mort de sa première femme.

1574. Épouse Jacqueline Rousselet, âgée de dix-huit ans. Ils auront six enfants ; deux filles survivront.

À l'avènement d'Henri III, Paré est non seulement premier chirurgien mais conseiller et valet de chambre du roi.

1575. Deuxième édition de *Des monstres et prodiges*, dans *Les Œuvres de M. Ambroise Paré [...]*, Paris, Gabriel Buon, 1575, que la Faculté de médecine tente de faire interdire. Paré réplique dans sa *Réponse [...]*

aux calomnies d'aucuns médecins et chirurgiens touchant ses œuvres.

1579. Troisième édition de *Des monstres et prodiges*, dans *Les Œuvres d'Ambroise Paré [...]*, Paris, Gabriel Buon, 1579.

1582. Parution de la traduction latine des *Œuvres*, sous le titre *Opera Ambrosii Parei*.

1585. Quatrième édition de *Des monstres et prodiges*, dans *Les Œuvres d'Ambroise Paré [...]*, Paris, Gabriel Buon, 1585.

1590. Mort de Paré, le 20 décembre ; il est inhumé dans l'église de Saint-André-des-Arcs à Paris.

BIBLIOGRAPHIE*

ÉDITIONS
(par ordre chronologique)

Deux livres de chirurgie. I. De la generation de l'homme, et manière d'extraire les enfans hors du ventre de la mere [...]. II. Des monstres tant terrestres que marins, avec leurs portrais. Plus un petit traité des plaies faites aux parties nerveuses, André Wechel, 1573.

Les Œuvres de M. Ambroise Paré [...]. Avec les figures et portraicts tant de l'Anatomie que des instruments de Chirurgie, et de plusieurs Monstres. Le tout divisé en vingt six livres, Gabriel Buon, 1575.

Les Œuvres d'Ambroise Paré [...]. Avec les figures et portraicts, tant de l'Anatomie que des instruments de Chirurgie, et de plusieurs Monstres [...], Gabriel Buon, 1579.

Les Œuvres d'Ambroise Paré [...]. Avec les figures et portraicts, tant de l'Anatomie, que des instruments de Chirurgie, et de plusieurs Monstres, Gabriel Buon, 1585. (En ligne : http ://www2.biusante.parisdescartes.fr/livanc/?cote=01709&do=chapitre)

Les Œuvres d'Ambroise Paré [...]. Avec les figures et portraicts, tant de l'Anatomie, que des instruments de Chirurgie, et de plusieurs Monstres, Gabriel Buon, 1595. (En

---

* Seuls sont indiqués les lieux d'édition différents de Paris.

ligne : http://gallica.bnf.fr/ark:/12148/bpt6k53757m/f4. image)

Œuvres complètes, éd. Joseph François Malgaigne, J.-B. Baillière, 1840-1841, 3 vol. (Reprint : 3 vol., Genève, Slatkine, 1970.)

Textes choisis, éd. Louis Delaruelle et Marcel Sendrail, Les Belles Lettres, 1953.

Animaux, monstres et prodiges, éd. Claude Grégory, Le Club français du livre, 1954.

Des monstres, des prodiges, des voyages, éd. Patrice Boussel, Livre Club du Libraire, 1964.

Des monstres et prodiges, éd. Jean Céard, Genève, Droz, 1971.

On Monsters and Marvels, trad. et éd. Janis L. Pallister, Chicago, University of Chicago Press, 1982.

Des animaux et de l'excellence de l'homme, éd. Jean Céard, Mont-de-Marsan, Éd. Interuniversitaires, 1990.

Des monstres et prodiges, éd. Gisèle Mathieu-Castellani, Genève, Slatkine, coll. « Fleuron », 1996.

Discours de la momie et de la licorne, éd. Jean-Michel Delacomptée, Gallimard, coll. « Le Cabinet des lettrés », 2011.

ÉTUDES

Ambroise Paré (1510-1590). Pratique et écriture de la science à la Renaissance, actes du colloque de Pau, 6-7 mai 1999, éd. Évelyne Berriot-Salvadore, Champion, 2004.

Ambroise Paré. Une vive mémoire, éd. Évelyne Berriot-Salvadore, De Boccard, 2012.

BALTRUSAITIS, Jurgis, *Réveils et prodiges : le gothique fantastique*, Armand Colin, 1960.

BATES, Alan W., *Emblematic Monsters : Unnatural Conceptions and Deformed Births in Early Modern Europe*, Amsterdam, Rodopi, 2005.

BECK, William J., « Michel de Montaigne et Ambroise Paré : leurs idées sur les monstres de la Renaissance », *Nouvelles de la République des lettres*, n° 2, 1992, p. 7-37.

Céard, Jean, *La Nature et les prodiges. L'insolite au xvie siècle en France*, Genève, Droz, 1977.

— « Tératologie et tératomancie au xvie siècle », dans *Monstres et prodiges au temps de la Renaissance*, éd. M. T. Jones-Davies, Jean Touzot, 1980, p. 5-16.

— « Main de maître, main de Dieu », *Les Cahiers de Science et Vie*, n° 19, 1994, p. 54-71.

Daston, Lorraine et Park, Katharine, *Wonders and the Order of Nature (1150-1750)*, New York, Zone Books, 1998.

Delacomptée, Jean-Michel, *Ambroise Paré. La main savante*, Gallimard, coll. « L'un et l'autre », 2007.

Delaunay, Paul, *Ambroise Paré naturaliste*, Laval, Imprimerie Goupil, 1926.

Dumaître, Marie-Paule, *Ambroise Paré, chirurgien de quatre rois de France*, Perrin, 1986.

— « Une vie de cape et d'épée », *Les Cahiers de Science et Vie*, n° 19, 1994, p. 19-32.

Foucault, Michel, *Les Mots et les choses. Une archéologie des sciences humaines*, Gallimard, coll. « Bibliothèque des sciences humaines », 1966.

Pédron, François, *Histoire d'Ambroise Paré, chirurgien du roi*, O. Orban, 1980.

Poirier, Jean-Pierre, *Ambroise Paré. Un urgentiste au xvie siècle*, Pygmalion, 2006.

Roger, Jacques, *Les Sciences de la vie dans la pensée française du xviiie siècle. La génération des animaux de Descartes à l'Encyclopédie*, Armand Colin, 1963.

Schenda, Rudolf, *Die französische Prodigienliteratur in der zweiten Hälfte des 16. Jahrhunderts*, Munich, M. Hüber, 1961.

Seguin, Jean-Pierre, *L'Information en France avant le périodique. 517 canards imprimés entre 1529 et 1631*, Maisonneuve et Larose, 1964.

Williams, Wes, *Monsters and their Meanings in Early Modern Culture. Mighty Magic*, Oxford, Oxford University Press, 2011.

NOTES

On se référera utilement, pour compléter les informations données ci-dessous, à l'édition de Jean Céard (Droz, 1971), qui propose de très nombreuses notes, extrêmement savantes, dont certaines fournissent des données que j'emprunte. L'essentiel de son appareil critique porte sur les sources de Paré ou propose des documents complémentaires qui n'ont pas été repris ici.

PRÉFACE

Page 45.

1. Dans les deux premières éditions (1573 et 1575), Paré avait écrit : « contre le cours de Nature ». Il corrige par fidélité à l'ensemble du livre, qui repose sur l'idée que les monstres font partie intégrante de la nature (voir la Préface, p. 35-37).

2. Pierre Boaistuau (env. 1500-1566) est l'auteur d'*Histoires prodigieuses* (1560), qu'on peut lire dans une édition moderne (Droz, 2010) ; Claude de Tesserant est l'auteur d'additions apportées dès 1567 aux *Histoires prodigieuses*. L'un et l'autre fournissent à Paré une part importante de sa documentation.

3. On voit mal ce que Paré a pu trouver chez saint Paul. Saint Augustin (voir surtout *La Cité de Dieu*, XVI, VIII) est au contraire une source essentielle, non seulement sur les monstres, mais sur la pensée théologique qui irrigue *Des monstres et prodiges*. Le Quatrième livre d'Esdras ou Apo-

calypse d'Esdras, apocryphe, est cité une fois plus loin, sur un point très particulier (chap. III).

Page 46.

1. Hippocrate, Galien, Empédocle, Aristote sont souvent cités ou invoqués dans la suite, mais connus le plus souvent à travers des intermédiaires. Paré s'est beaucoup servi de l'*Histoire naturelle* de Pline l'Ancien (Ier s. ap. J.-C.). Lycosthènes (1518-1561) n'est pas un Ancien mais l'auteur, presque contemporain, d'un *Prodigiorum ac ostentorum chronicon* (*Chronique des prodiges et phénomènes spectaculaires*) (1557) et l'éditeur d'un traité antique de Julius Obsequens (IVe s. ap. J.-C.), *Prodigiorum liber* (1552). La liste de sources proposée ici est loin d'épuiser l'ensemble des ouvrages consultés ou cités dans la suite.

2. La longue phrase sur les mutilés – une addition au premier état du texte – trahit une hésitation, puisque cette catégorie ne sera plus utilisée dans la suite.

CHAP. I
DES CAUSES DES MONSTRES

Page 47.

1. Dans les deux premières éditions (1573 et 1575), Paré reconnaissait d'entrée de jeu les limites et les faiblesses de la recherche des causes : « Il y a d'autres causes que je laisse pour le présent, parce qu'outre toutes les raisons humaines l'on n'en peut donner de suffisantes et probables : comme, pourquoi sont faits ceux qui n'ont qu'un seul œil au milieu du front, ou le nombril, ou une corne à la tête, ou le foie sens dessus dessous. Autres naissent ayant pieds de griffon, comme les oiseaux, et certains monstres qui s'engendrent dans la mer, bref une infinité d'autres, qui seraient trop longs à décrire. »

CHAP. II
EXEMPLE DE LA GLOIRE DE DIEU

2. Voir Évangile de Jean, IX, 1-3.

CHAP. III
EXEMPLE DE L'IRE DE DIEU

Page 48.

1. Quatrième livre d'Esdras, v, 8. Ce livre, également intitulé Apocalypse d'Esdras, considéré comme apocryphe dans la tradition protestante, figure dans la Vulgate.

2. En fait Lévitique, xv, 19-33.

Page 49.

1. Dans les premières éditions (1573 et 1575), le cas du poulain à tête d'homme se trouvait dans le chap. xix, pour illustrer le mélange de semence, comme quoi deux causes, divine et humaine, peuvent être cumulées. De même, l'exemple suivant, le monstre de Ravenne, figurait d'abord dans le chap. vi, « Des hermaphrodites ou androgynes […] ».

CHAP. IV
EXEMPLE DE LA TROP GRANDE
QUANTITÉ DE SEMENCE

Page 51.

1. Caelius Rhodiginus (1469-1525), auteur de *Lectionum antiquarum libri XXX* (*Trente livres de leçons sur l'Antiquité*) (1516), est un compilateur italien auquel Paré emprunte, directement ou indirectement, plusieurs cas monstrueux.

Page 53.

1. *Quiers* : Chieri.

Page 58.

1. *Un enfant ayant deux têtes, deux bras et quatre jambes* : Paré n'emprunte pas ici l'information, puisque lui-même « ouvrit » ce monstre. L'édition posthume de 1595 ajoute : « lequel monstre est en ma maison, et le garde comme chose monstrueuse ». Même allusion à sa collection de curiosités anatomiques dans le cas suivant.

Page 60.

1. Sébastien Münster (1488-1552) est l'auteur d'une fameuse *Cosmographia universalis* (1544 ; traduction française, 1575), que Paré a pu lire, mais a connue surtout à travers des intermédiaires.

2. *Bristant* : Bürstadt.

Page 65.

1. *Jovianus Pontanus* : Giovanni Pontano (1429-1503), diplomate, savant et poète italien, connu de Paré par un ou des intermédiaire(s).

Page 67.

1. *Viaban* : Viabon (Eure-et-Loir).

CHAP. V
DES FEMMES QUI PORTENT
PLUSIEURS ENFANTS D'UNE VENTRÉE

Page 69.

1. *Albucasis* (Abu Al-Qasim) (env. 940-1013) est un médecin arabe, auteur d'un ouvrage influent sur la chirurgie.

Page 70.

1. *D'Alechamps* : Jacques Daléchamps (1513-1588), botaniste et médecin français, auteur d'une *Chirurgie française* (1570), rédigée, comme les œuvres de Paré, en langue vulgaire.

2. *Martinus Cromerus* : Martin Cromer (1512-1589), auteur d'une histoire de la Pologne, *De origine et rebus gestis Polonorum* (*De l'origine et des hauts faits des Polonais*) (1555).

3. *Franciscus Picus Mirandula* : Jean François Pic de La Mirandole (1470-1533), philosophe florentin, neveu du grand Jean Pic de La Mirandole.

CHAP. VI
DES HERMAPHRODITES OU ANDROGYNES,
C'EST-À-DIRE, QUI EN UN MÊME CORPS
ONT DEUX SEXES

Page 73.

1. La question des hermaphrodites a fait couler beaucoup d'encre à la fin du XVIe et au début du XVIIe siècle. Voir surtout Johann Schenck, *Observationum medicarum, rararum, novarum, admirabilium et monstrosarum tomus unus et alter* (*Tomes I et II d'observations médicales rares, nouvelles, admirables et monstrueuses*) (1596) ; Gaspard Bauhin, *De hermaphroditorum monstrosorumque partuum natura* (*De la nature des enfantements hermaphrodites et monstrueux*) (1600) ; Jacques-Nicolas Duval, *Des Hermaphrodits, accouchemens des femmes […]* (1612) ; Jean Riolan, *Discours sur les Hermaphrodits […]* (1614).

2. Galien (IIe s. ap. J.-C.) enseigne que la femme produit du sperme et que la procréation résulte du mélange des deux semences, paternelle et maternelle.

Page 74.

1. La référence à Aristote se trouve dans Pline l'Ancien, *Histoire naturelle*, VII, XV.

Page 76.

1. *Rorbarchie* : Rohrbach, aujourd'hui un quartier de Heidelberg.

Page 77.

1. *Hermaphrodites* : les trois premières éditions (1573, 1575, 1579) contiennent ici un long passage sur les lèvres, ou nymphes, de l'appareil génital féminin, avec des détails sur leurs excroissances et sur les pratiques honteuses des tribades, ou fricatrices. Ce passage a été retiré, sans doute à la suite des accusations d'outrage aux bonnes mœurs proférées par les médecins de la Sorbonne. (Voir les textes dans l'édition par Jean Céard de *Des monstres et prodiges*, Genève, Droz, 1971, p. 26-27.)

Page 78.

1. *Jacques Ruef* : Jacob Rueff (1505-1558), médecin de
Zurich, est l'auteur de *De conceptu et generatione hominis,
de matrice et ejus partibus* [...] *(De la conception et de la
reproduction de l'homme, de la matrice et de ses parties)*
(1554).

2. *Deux natures de femme* : même figure que plus haut
(p. 65), mais avec ici deux sexes féminins ; dans un chapitre sur les hermaphrodites, le cas semble fourvoyé.

CHAP. VII
HISTOIRES MÉMORABLES
DE CERTAINES FEMMES
QUI SONT DÉGÉNÉRÉES EN HOMMES

Page 79.

1. Amatus Lusitanus (1511-1568), médecin juif portugais, est l'auteur d'un *Curationum medicinalium centuria
secunda* (*Seconde centurie de soins médicaux*) (1552).

2. *Esgucina* : Esgueira, au Portugal.

Page 80.

1. *À la suite du Roi* : Charles IX, que Paré accompagne
en tant que chirurgien et médecin. L'épisode date de 1573.

Page 81.

1. *Elle était homme et non plus fille* : Montaigne raconte
le même cas dans son *Journal de voyage*, où il signale que
Paré l'a déjà rapporté. Il l'évoque également dans les *Essais*
(I, XXI), où il attribue le changement de sexe à la force de
l'imagination et la puissance du désir. La médecine selon
Galien enseigne que les organes génitaux de l'homme et de
la femme sont les mêmes, internes chez la femme, externes
chez l'homme. La femme est donc, anatomiquement, l'in-
verse de l'homme.

2. *Devineurs* : Paré, comme la plupart de ses contemporains, condamne l'art de la divination, pourtant courante
dans les croyances populaires.

3. Selon Galien, la température naturelle de la femme
est froide et le froid rétrécit, tandis que l'homme est dominé

par la chaleur, qui dilate. Ainsi s'explique la position interne ou externe de l'appareil génital.

CHAP. VIII
EXEMPLE DU DÉFAUT
DE LA QUANTITÉ DE LA SEMENCE

Page 84.

1. *Villefranche de Beyran* : Villefranche-du-Queyran (Lot-et-Garonne).

2. Ce qui est donné à Paré est sans doute le dessin ; comme l'indique la suite de la phrase, c'est Hautin et lui seul qui a « vu » le monstre. Jean Hautin, « très lié avec Paré, fit partie de la commission de la Faculté de Médecine qui, en 1578, approuva la deuxième édition des *Œuvres* de notre auteur. Il est très probable que c'est lui qui en fit la traduction latine » (Jean Céard, éd. critique, *op. cit.*, p. 226). Or, cette traduction latine retire à Hautin ce témoignage suspect, pour l'attribuer à un autre médecin ! (voir A. Paré, *Œuvres complètes*, éd. J.-F. Malgaigne, t. III, 1840-1841, p. 22).

Page 85.

1. *Gueldres* : le duché de Gueldre, actuellement aux Pays-Bas.

Page 86.

1. La gravure, mal placée dans l'édition originale, semble illustrer un cas mentionné au début du chapitre, p. 82.

CHAP. IX
EXEMPLE DES MONSTRES
QUI SE FONT PAR IMAGINATION

Page 87.

1. Voir Genèse, xxx, 31-43. Une lointaine tradition attribuait à Moïse la rédaction du Pentateuque.

Page 88.

1. Voir *L'Histoire éthiopique* (X, xiv) d'Héliodore (ive s.), traduite par Jacques Amyot (1547).

2. *La figure d'un saint Jean* : saint Jean-Baptiste. – L'auteur cité n'est pas Jean Damascène, père de l'Église, mais un autre auteur originaire de Damas, non identifié. Le cas est cité par Montaigne dans son chapitre « De la force de l'imagination » (*Essais*, I, xxi).

Page 89.

1. *Stecquer* : selon les sources, Stecher est le nom du personnage, non du lieu ; on a là un exemple, parmi beaucoup d'autres, des nombreuses erreurs qui surviennent dans les emprunts de Paré. Ce monstre, nommé le Veau-Moine, a été interprété par Luther et par la propagande réformée comme signe menaçant et, plus précisément, comme figure de l'abomination des moines (voir Jean Céard, *La Nature et les prodiges*, Genève, Droz, 1977, p. 79-83). Paré, lui, se garde de toute interprétation.

Page 91.

1. Il est à nouveau question de « Maître Jean Bellanger, chirurgien, demeurant en la ville de Melun » dans le chap. xix, où on apprend qu'il a fait « portraire » ce monstre et deux autres pour en vendre les images à Paris.

2. *Messieurs de la justice de Harmois* : officiers de justice, probablement de Samois, près de Fontainebleau.

CHAP. X
EXEMPLE DE L'ANGUSTIE
OU PETITESSE DE LA MATRICE

Page 93.

1. *Il* renvoie à Hippocrate.

2. Probablement Diphile de Sifnos (iiie s. av. J.-C.), mais il existe deux autres médecins grecs nommés Diphile.

CHAP. XI
EXEMPLE DES MONSTRES QUI SE FONT,
LA MÈRE S'ÉTANT TENUE
TROP LONGUEMENT ASSISE,
AYANT EU LES CUISSES CROISÉES,
OU POUR S'ÊTRE BANDÉ
ET SERRÉ TROP LE VENTRE
DURANT QU'ELLE ÉTAIT GROSSE

Page 97.

1. Deux médecins allemands (Matthias Cornax et Joannes Langius), un médecin des Pays-Bas (Gilles de Hertoghe) : Paré brasse une large information, qui a dû lui parvenir par un intermédiaire.

CHAP. XIV
EXEMPLE DE CHOSES MONSTRUEUSES
QUI SONT ADVENUES EN MALADIES
ACCIDENTALES

Page 100.

1. *Saint Jean d'Angelic* : Saint-Jean-d'Angély (Poitou-Charentes), place forte protestante.

Page 101.

1. *Alexandre Benedict* : Alessandro Benedetti (env. 1450-1512), anatomiste de l'université de Padoue, auteur d'un *Anatomice, sive Historia corporis humani* (*Anatomie, ou Histoire du corps humain*) (1493).

CHAP. XV
DES PIERRES QUI S'ENGENDRENT
AU CORPS HUMAIN

Page 102.

1. *L'extraction des pierres* : la famille des médecins Collo, ou Collot, dont il est question dans les pages suivantes, était spécialisée dans le traitement de la gravelle grâce à

une méthode spéciale pour la taille et l'extraction de la pierre. Paré les a bien connus.

2. Sur le cabinet de curiosités de Paré, voir la Préface, p. 23-24.

Page 104.

1. *Mon livre des Pierres* : le traité sur « Plusieurs indispositions et opérations particulières, appartenantes au chirurgien » (*Œuvres complètes*, livre XVII) comprend un long développement sur le traitement de la pierre.

Page 107.

1. *L'ordonnance des Médecins* : Paré reconnaît ici la subordination du chirurgien qu'il est aux médecins.

2. *Jeta une pierre par le siège* : ce cas est raconté ici une seconde fois, à une vingtaine de lignes de distance : preuve que Paré travaille dans la hâte.

Page 108.

1. Antonio Benivieni (1443-1502), médecin florentin, auteur d'un *Libellus de abditis nonnullis ac mirandis morborum ac sanationum causis* (*Opuscule sur quelques causes cachées et étonnantes de maladies et de guérisons*) (1507, posthume).

CHAP. XVI
DE CERTAINES CHOSES ÉTRANGES
QUE NATURE REPOUSSE
PAR SON INCOMPRÉHENSIBLE
PROVIDENCE

2. *L'espace de deux ans* : d'après Benivieni, il s'agit de dix ans.

Page 109.

1. Jean Fernel (1497-1558), médecin et mathématicien français, est l'auteur de plusieurs traités fameux, dont *De abditis rerum causis* (*Sur les causes cachées des choses*) (1548) et *Universa Medicina* (*Traité de médecine universelle*) (1567).

2. *Cabrolle* : Barthélemy Cabrol (1520-1603), anatomiste de l'université de Montpellier, fut un disciple de Paré.

3. Laurent Joubert (1529-1583) fut un des grands médecins et chirurgiens de la faculté de Montpellier, connu aujourd'hui pour son *Traité du rire* (1579) et pour sa dénonciation des *Erreurs populaires* (1578) en matière de médecine.

4. Disciple de Paré, Jacques Guillemeau (1549-1613) se chargea de l'édition en latin des *Œuvres* de Paré (1582).

Page 110.

1. *Albucrasis* : nommé ailleurs Albucasis (voir p. 69, n. 1).

2. *Suffocation de matrice*, ou attaque d'hystérie, que le dictionnaire de Furetière explique ainsi : « L'utérus enflé d'une matière pourrie [...] presse tellement l'estomac et le diaphragme qu'ils ne se peuvent étendre pour respirer ».

Page 111.

1. Ici encore, Paré rapporte le même cas une seconde fois, avec des différences. L'information était attribuée plus haut à Benedetti (voir p. 101). Valesco de Taranta (actif 1382-1418) est un médecin portugais qui a fait carrière en France. D'après Jean Céard, la véritable source est Benedetti.

Page 112.

1. Les *Chroniques* d'Enguerrand de Monstrelet (env. 1390-1453) relatent l'histoire de la maison de Luxembourg dans la première moitié du XVᵉ siècle.

2. *Monseigneur de Boscage* : Ymbert de Bastarnay, seigneur du Bouchage (1438-1523), fut successivement le conseiller de Louis XI, Charles VIII, Louis XII et François Iᵉʳ.

CHAP. XVII
DE PLUSIEURS AUTRES CHOSES ÉTRANGES

Page 113.

1. *En sa Pratique* : il s'agit, d'après Jean Céard, du traité *Singulis corporis morbis [...] remedia* (*Remèdes à chacune des maladies du corps*) (1533).

CHAP. XVIII
EXEMPLE DES MONSTRES QUI SE FONT
PAR CORRUPTION ET POURRITURE

Page 115.

1. *Baptiste Léon* : il semble s'agir de Leon Battista Alberti (1404-1472), l'humaniste et architecte florentin, nommé ici par erreur. Martin V a été pape de 1417 à 1431.

2. Paré possédait en effet une maison et un vignoble à Meudon.

CHAP. XIX
EXEMPLE DE LA COMMIXTION
ET MÉLANGE DE SEMENCE

Page 118.

1. *Volateranus* : Raphael Maffei, dit Volaterranus (1451-1522), auteur de *Commentariorum urbanorum libri XXXVIII* (*Trente-huit livres de commentaires raffinés*) (1506).

2. Jérôme Cardan (1501-1576), mathématicien et médecin italien fameux, rapporte le cas dans son *De rerum varietate* (*De la variété des choses*) (1557), mais exprime un doute.

3. *Cybare* : Sybaris, au sud de l'Italie.

Page 121.

1. *Loys Cellee* : ainsi est désigné Ludovicus Caelius Rhodiginus, que Paré nomme ailleurs Celius ou Coelius Rhodiginus et qu'il reconnaît comme l'une de ses sources principales (voir p. 51, n. 1).

2. *Mesureur de sel* : agent chargé de mesurer officiellement le sel, vendu par le pouvoir royal.

Page 123.

1. *Ci-devant figuré* : voir plus haut p. 92.

2. Albert le Grand, philosophe, théologien et naturaliste allemand (env. 1200-1280).

3. *Je doute fort* : les éditions de 1573 et 1575 ajoutaient : « parce que Dieu n'est point lié, ni sujet de suivre l'ordre

qu'il a établi en nature, ni au mouvement des astres et planètes ». Paré, comme beaucoup de ses contemporains, exprime sa méfiance pour l'astrologie judiciaire.

Page 124.

1. Jean Céard signale que, dans sa hâte, Paré renvoie à saint Augustin au lieu de saint Paul (voir surtout Romains, I, 24-32).

CHAP. XX
EXEMPLE DE L'ARTIFICE
DES MÉCHANTS GUEUX DE L'OSTIÈRE

2. *J'ai souvenance* : Paré, apprenti chirurgien-barbier à Angers, a alors quinze ans.

3. Saint Antoine est vénéré, entre autres, pour son pouvoir de guérir les maladies, particulièrement l'ergotisme, ou « feu saint Antoine ».

CHAP. XXI
L'IMPOSTURE D'UNE BÉLÎTRESSE
FEIGNANT AVOIR UN CHANCRE
EN LA MAMELLE

Page 125.

1. *Jehan Paré* : ce frère, barbier-chirurgien à Vitré, mourut avant Ambroise, qui accueillit l'un de ses fils à Paris.

CHAP. XXII
L'IMPOSTURE D'UN CERTAIN MARAUD
QUI CONTREFAISAIT LE LADRE

Page 127.

1. *Des cliquettes* : une loi obligeait les lépreux à porter une claquette ou une crécelle pour avertir de leur présence.

Page 129.

1. *Du mal S. Jehan, S. Fiacre, S. Main* : successivement l'épilepsie, les hémorroïdes, la gale.

Page 132.

1. Il ne s'agit pas d'un jugement de Paré, mais du constat que les gueux sont « bons compagnons » entre eux.

2. Saint Claude guérit les boiteux ; le mal saint Main est la gale ; saint Mathurin guérit les fous ; saint Hubert guérit des blessures ou de la rage.

3. *Barbarie* : Afrique du Nord.

Page 133.

1. Pierre Pigray (1531-1613), chirurgien de Charles IX, Henri III et Henri IV, est un disciple de Paré. Claude Viard (meurt env. 1584) épousa la nièce de Paré et reçut de lui ses instruments, ses planches de chirurgie et ses livres.

CHAP. XXIII
D'UNE CAGNARDIÈRE
FEIGNANT ÊTRE MALADE
DU MAL SAINT FIACRE,
ET LUI SORTAIT DU CUL UN LONG
ET GROS BOYAU, FAIT PAR ARTIFICE

Page 134.

1. *Mal saint Fiacre* : voir p. 129, n. 1.

2. *Monsieur Flecelle* : Philippe de Flesselles (meurt en 1562), médecin de François Ier, Henri II, François II, Charles IX, laissa un *Introductoire de chirurgie rationnelle* (1547) dont Paré fit grand usage.

CHAP. XXIV
D'UNE GROSSE GARCE DE NORMANDIE,
QUI FEIGNAIT AVOIR UN SERPENT
DANS LE VENTRE

Page 137.

1. Jacques Houllier (env. 1500-1562) fut un célèbre commentateur d'Hippocrate ; le chirurgien Germain Cheval (meurt en 1570) fut un ami et un soutien de Paré.

Page 139.

1. *Mal saint Jean* : voir p. 129, n. 1.

2. *Mal saint Main* : voir p. 129, n. 1.

3. *Livre de l'Air et des eaux* : le traité hippocratique *Des airs, des eaux et des lieux* ne parle pas de cette imposture. Dans son usage des sources et ses références savantes, Paré n'en est pas à une inexactitude près.

CHAP. XXV
EXEMPLE DES CHOSES MONSTRUEUSES
FAITES PAR LES DÉMONS ET SORCIERS

Page 141.

1. Successivement Exode, XXII, 17 ; Lévitique, XIX, 26 et 31 ; 2 Rois, I.

Page 142.

1. Sur l'existence des anges, une note écrite en marge donne les trois références suivantes : Épître aux Hébreux, I, 14 ; Épître aux Galates, III, 19 ; Première épître aux Thessaloniciens, IV, 16.

2. Matthieu, XXIV, 31.

3. Job, I.

4. Successivement 1 Rois, XXII ; Jean, XIII, 2 et 27.

5. Matthieu, VIII, 28-34 ; Marc, V, 1-17 ; Luc, VIII, 26-39.

Page 144.

1. Une note marginale renvoie ici à « Pierre de Ronsard en ses Hymnes ». C'est la preuve que Paré, dans la description qui précède, utilise, jusqu'à en adopter les mots, le poème « Les Daimons » (*Hymnes*, 1555), dans lequel Ronsard reprenait un savoir traditionnel, d'origine antique et médiévale. (Voir par exemple l'édition critique de l'*Hymne des Daimons* par Albert-Marie Schmidt, Paris, Albin Michel, s. d. [1939], et l'étude de Germaine Lafeuille, *Cinq Hymnes de Ronsard*, Genève, Droz, 1973.) Ronsard, de son côté, admirait Paré, comme en témoignent les deux poèmes d'hommage qu'il lui adresse (voir Ronsard, *Œuvres complètes*, Gallimard, Bibl. de la Pléiade, 1993-1994 ; t. II, p. 1136-1137 et p. 1625, et t. I, p. 1186).

2. *Livre de l'Imposture des Diables* : il s'agit de Jean Wier (1515-1588), médecin et démonologue allemand, auteur de *Cinq livres de l'imposture et tromperie des diables, des enchantements et sorcelleries*, dont la traduction française est de 1567. Paré en fait ici un large usage.

CHAP. XXVI
DE CEUX QUI SONT POSSÉDÉS DES DÉMONS, QUI PARLENT EN DIVERSES PARTIES DE LEURS CORPS

Page 145.

1. *Paul Grillant* : le théologien et juriste Paolo Grillando (1ʳᵉ moitié du xviᵉ s.) est l'auteur d'un *Tractatus de hereticis et sortilegis [...]* (*Traité des hérétiques et des devins*) (1536), manuel de référence en matière de sorcellerie et démonologie.

2. Voir Exode, vii, 11 et 22 ; viii, 3.

Page 146.

1. Voir Lévitique, xx, 27.
2. Sur les démons dans *La Cité de Dieu* de saint Augustin, voir VIII, xiv-xxii.
3. Voir 2 Rois ix, 30-37.

CHAP. XXVII
COMME LES DÉMONS HABITENT ÈS CARRIÈRES

4. Ludwig Lavater (1527-1586), *Trois livres des apparitions des esprits, fantômes, prodiges et accidents merveilleux [...]*, traduit de l'allemand en 1571.

Page 147.

1. *Davans* : Davos, dans les Grisons, en Suisse.

CHAP. XXVIII
COMME LES DÉMONS
NOUS PEUVENT DÉCEVOIR

Page 150.

1. Une note marginale renvoie à saint Augustin, *La Cité de Dieu*, XV, XXII-XXIII.

2. *De conceptu et generatione hominis* : voir p. 78, n. 1.

Page 151.

1. *Pierre de la Pallude* et *Martin d'Arles* : Pierre de La Palude (meurt en 1342), théologien, patriarche de Jérusalem, est l'auteur d'un commentaire sur les *Sentences* de Pierre Lombard (1150). Martin d'Arles, théologien et jurisconsulte espagnol (XVIe s.), est l'auteur d'un traité de démonologie et de sorcellerie, *Tractatus de superstitionibus [...]* (Traité des superstitions) (1515).

2. *La semence qui est faite de sang et esprit* : cette théorie sur la composition du sperme, fait de sang et de corpuscules vitaux, est commune dans la médecine classique.

Page 152.

1. D'après Jean Céard, il s'agit plutôt d'un scoliaste (c'est-à-dire un commentateur) d'Albert le Grand, qui commente quelques chapitres du *De animalibus* (1256) consacrés à la formation de l'embryon.

2. *Averrois* : Averroès (1126-1198), philosophe et savant andalou.

3. *D'en créer de nouvelles* : comprendre ici « de nouvelles générations ».

Page 153.

1. *Cette prétendue cohabitation est imaginaire* : Paré était moins sceptique au début du chapitre (paragraphe 2) ; on surprend ici une hésitation, que partageaient beaucoup de contemporains.

CHAP. XXIX
EXEMPLE DE PLUSIEURS ILLUSIONS
DIABOLIQUES

Page 154.

1. *Boaistuau* : voir p. 45, n. 2

2. *Cassianus* : les *Conférences* de Jean Cassien (env. 365-435), largement diffusées dans les milieux monacaux, niaient la possibilité de relations sexuelles entre un démon masculin et une femme, position critique relativement rare parmi les théologiens.

CHAP. XXX
DE L'ART MAGIQUE

Page 155.

1. *Comme fit anciennement Moïse* : voir p. 141, n. 1.

2. Jean de Marconville (env. 1520-env. 1580), dont le livre cité par Paré date de 1564, est un polygraphe, auteur de plusieurs ouvrages de compilation.

Page 156.

1. *Langius* : Johann Lange (1485-1565), médecin allemand.

Page 157.

1. *Tuguestag* : Fugenstall, village allemand près d'Eisteten.

Page 158.

1. *Encore temps de trois ans* : comprendre ici : « l'imposteur devait être possédé par l'esprit pour encore trois ans. »

2. Exode, xxii, 17 (voir p. 141).

3. Voir 1 Samuel, xxviii.

4. Voir Deutéronome, xviii, 10-12 et Lévitique, xix, 31 et xx, 6 et 27.

CHAP. XXXI
DE CERTAINES MALADIES ÉTRANGES

5. Presque tout le chapitre est en effet traduit de Jean Fernel, *De abditis rerum causis* (II, xvi) (1548) (voir p. 109, n. 1).

Page 159.

1. Voir 2 Samuel, xxiv, 10-17.
2. Voir 2 Rois, xx, 1-11 et Isaïe, xxxviii, 1-8.
3. Voir Job, ii, 7.

Page 160.

1. *Nouer l'aiguillette* : frapper d'impuissance par une pratique magique. La croyance en cette pratique démoniaque est très répandue à l'époque.

Page 164.

1. Voir Pline l'Ancien, *Histoire naturelle*, XXX, xiv-xv.
2. Voir successivement Actes, xvi, 16-18 ; 1 Samuel, xxviii, 3-25 ; Daniel, iv-v ; Exode, vii, 8-12 et viii, 1-3 ; Actes, viii, 9-24.
3. Voir Pline l'Ancien, *Histoire naturelle*, VIII, lxxxii.
4. Voir l'*Odyssée*, chant X.

Page 165.

1. Voir par exemple Virgile, *Bucoliques*, VIII, v. 99 et Ovide, *Remèdes à l'amour*, v. 255.
2. *Loi des douze tables* : premier ensemble de lois écrites à Rome (ve s. av. J.-C.).

Page 166.

1. « Vous ne lui briserez pas un os », citation de Psaumes, xxxiv, 21 et de Jean, xix, 36.
2. « De son flanc sortirent du sang et de l'eau », citation de Jean, xix, 34.
3. « Que cette fièvre te soit aussi facile à supporter que l'enfantement du Christ le fut à la vierge Marie ».

4. « Mon Dieu, je te louerai, ô mon roi », citation de Psaumes, cxlv, 1.

5. Voir Pline l'Ancien, *Histoire naturelle*, XXVIII, clv.

6. « Étrilles et faux dentelées, guérissez le mal de dents ».

Page 167.

1. Probablement Apollonius de Pitane, cité par Pline l'Ancien, *Histoire naturelle*, XXVIII, vii.

2. Quintus Serenus Sammonicus (mort en 212), auteur de *De medicina praecepta saluberrima* (*Leçons de médecine très utiles à la santé*), imprimé à Lyon en 1542.

Page 168.

1. Voir Galien, *De simplicium medicamentorum facultatibus libri XI* (*Onze livres sur les vertus des médicaments naturels*), VI, i.

CHAP. XXXII
DES INCUBES ET SUCCUBES,
SELON LES MÉDECINS

Page 170.

1. Paré a déjà traité des incubes au chap. xxviii, mais il adopte ici une perspective différente, « selon les médecins », comme le précise le titre. Deux explications étaient alors disponibles, entre lesquelles Paré ne choisit pas : phénomène surnaturel, d'origine démoniaque (chap. xxviii) ou maladie naturelle, relevant de la médecine (chap. xxxii). Alors que d'autres médecins, plus critiques, rejetaient la thèse démoniaque, Paré (comme Jean Bodin) joue sur les deux tableaux.

CHAP. XXXIII
DES NOUEURS D'AIGUILLETTE

Page 171.

1. *Des noueurs d'aiguillette* : littéralement, ceux qui nouent le cordon servant à attacher les chausses, c'est-à-dire ceux

qui empêchent l'homme, par un sortilège, d'avoir une relation sexuelle (voir p. 160, n. 1).

2. Voir le chap. xxv, p. 140-141.

Page 172.

1. *De subtilitate* : les *Histoires prodigieuses* de Pierre Boaistuau (1560) (voir p. 45, n. 2) et le *De subtilitate* (1550) de Jérôme Cardan sont parmi les sources les plus utilisées par Paré. Le *De subtilitate* est un traité hétérogène de philosophie naturelle où il est question, entre autres, de cosmologie, de médecine, de zoologie, de géométrie, de magie, de métaphysique et, bien sûr, de monstres et prodiges.

2. *Unguentum aureum* : onguent médical chargé de nombreuses vertus.

CHAP. XXXIV
À PRÉSENT NOUS PARLERONS
DES MONSTRES MARINS

Page 173.

1. Voir Pline l'Ancien, *Histoire naturelle*, IX, iv.

Page 174.

1. Voir le chap. xix.

2. Gouverneur d'Égypte sous le règne de l'empereur byzantin Maurice (fin du ive s. ap. J.-C.).

Page 175.

1. Guillaume Rondelet (1507-1566), médecin et naturaliste de l'École de Montpellier, est l'auteur d'une *Histoire entière des poissons* (1554 ; traduction française, 1558), richement illustrée.

Page 176.

1. *Gesnerus* : Conrad Gesner (1516-1565), naturaliste et bibliographe zurichois, est l'auteur de *Historiae animalium* (*Histoire des animaux*) (1551–1558), un immense traité de zoologie en cinq volumes largement illustrés.

2. *En Macerie* : ce pays n'existe pas. Selon Jean Céard, Paré a mal lu le texte de Gesner, dans lequel *maceria* désigne un mur de clôture !

Page 177.

1. *Castre* : probablement Castro dans les Pouilles.

2. Paré se trompe dans les dates. Paul III meurt en 1549 et Marcello Cervino accède au pontificat en 1555, sous le nom de Marcel II. Entre eux se place le règne de Jules III (1550-1555).

3. *Philippe Forestus* : Jacopo-Filippo Foresti, dit Philippe de Bergame, auteur de *Supplementum Supplementi Chronicarum* (*Supplément au Supplément des Chroniques*) (1513). Ici encore, Paré brouille la chronologie. Foresti, mort en 1518, ne peut pas parler d'une découverte qui se situe au milieu du xvie siècle. Paré tient son information de Rondelet et Gesner.

Page 178.

1. *Mer Illyrique* : partie orientale de l'Adriatique.

Page 180.

1. Olaüs Magnus (1490-1557), archevêque d'Uppsala, est l'auteur d'une *Historia gentium septentrionalium [...]* (*Histoire des nations septentrionales*) (1555 ; traduction française, 1561).

2. *Bergue* : Bergen, en Norvège.

3. *Roi défunt* : Charles IX, roi de France.

4. *L'île de Thylen* : chez Olaüs Magnus, l'île de Thulé est située au nord-ouest des îles Orkney. Terre légendaire depuis l'Antiquité, elle est toujours dans l'extrême nord, mais, de l'Islande à la Norvège, sa localisation varie.

Page 182.

1. André Thevet (1502-1590) est l'auteur de plusieurs récits de voyage, parmi lesquels *La Cosmographie universelle* (1575), que Paré, dans les pages qui suivent, utilise largement, qu'il s'agisse du texte ou des images. Thevet parle du Mont Marzouan (et non Mazouan).

2. *Histoire des animaux* et *Parties des animaux* sont deux traités de zoologie d'Aristote, souvent réunis.

Page 184.

1. Jean de Léry (1534-1613) est l'auteur d'une *Histoire d'un voyage fait en la terre du Brésil* (1578), un magnifique récit accessible aujourd'hui dans l'édition de Frank Lestringant (Hachette, coll. « Le Livre de poche classique »).

Page 186.

1. *L'île Espagnole* : Hispagnola, dans les Antilles.

Page 187.

1. *La mer Sarmatique* : la mer Noire.

Page 188.

1. *Themistitan* : c'est le nom de la capitale des Aztèques, sur le site de Mexico City. Détruite au début du XVIe siècle par les Espagnols, elle était bâtie sur pilotis et souvent comparée à Venise.

2. L'Antarctique (ou France antarctique), au XVIe siècle, désigne la région de Rio de Janeiro, éphémère colonie française entre 1555 et 1559. André Thevet y est allé, en parle longuement et c'est à lui que Paré doit sa documentation.

Page 190.

1. *Poissons volants* : une note marginale précise : « J'en ai un en mon cabinet que l'on m'a donné, que je garde pour mémoire ».

Page 191.

1. Paré cite littéralement le récit de Jean de Léry, jusqu'à conserver les pronoms de la 1re personne : *nous*, puis *je* !

Page 193.

1. *Quioze* : Chioggia.
2. *Naissant à part soi* : les mollusques sont ovipares.

Page 195.

1. *Elian* : Elien (env. 175 - env. 235) est l'auteur d'un traité *De la nature des animaux*.

Page 196.

1. *Ce poisson* : une note marginale précise : « Ce poisson est une espèce de baleine ».

Page 198.

1. *Frappés de peste* : Paré suit Charles IX dans le « Grand Tour » du Royaume entrepris par la cour en 1564. Ils sont à Lyon du 9 juin au 9 juillet, mais quittent précipitamment la ville pour échapper à une épidémie de peste.

Page 201.

1. La grande tournée royale (voir note précédente) passe par Bayonne en 1565. Le village d'où Paré observe les baleines est Saint-Jean-de-Luz.

Page 203.

1. Il y a bien Vlissingen et Saftingen (près de Doël), dans l'embouchure de l'Escaut. Hastinghe est plus difficile à identifier.

Page 205.

1. Voir Guillaume Du Bartas (1544-1590), *La Semaine* (1578), Cinquième jour, v. 401-420.

CHAP. XXXV
DES MONSTRES VOLATILES

Page 207.

1. L'autruche digérerait tout, même le fer. Quoique Paré sache que cette croyance est fausse, il la maintient ici, comme le note Jean Céard, ce qui prouve que son propos, dans le présent traité, n'est pas celui d'un naturaliste soucieux d'exactitude, mais celui d'un conteur en quête de merveilles.

Page 211.

1. *Aux terres neuves* : en Amérique.
2. *Livres de la Subtilité* : le *De subtilitate* (1550) de Jérôme Cardan (voir p. 172, n. 1).

CHAP. XXXVI
DES MONSTRES TERRESTRES

Page 213.

1. *André Thevet* : il s'agit toujours de *La Cosmographie universelle*, l'une des sources majeures de Paré.

2. *L'île de Zocotère* : en Afrique orientale.

Page 215.

1. *Ronde* : Thevet avait écrit « rude », plus vraisemblable.

Page 216.

1. *Une lance n'est point plus haute* : comprendre que quand elle [la girafe] lève la tête, une lance n'est pas plus haute.

Page 217.

1. Comprendre : « pour faire voir quelle était l'honnêteté ».

2. *Thanacth* : dans l'édition de 1585, qui sert de base à notre texte, ce paragraphe manque, alors même que la « figure de la bête Thanacth » s'y trouve, ce qui prouve que l'omission est une erreur. Nous suivons Jean Céard, qui rétablit ces quelques lignes d'après les éditions de 1579 et 1595.

3. Comprendre : « et on aurait peine à croire qu'il en soit de telle, si on ne l'avait vue. »

Page 219.

1. *Jean Leon* : Léon l'Africain (env. 1490-1550) est un géographe arabe dont la *Description de l'Afrique* paraît en traduction française en 1556.

Page 221.

1. *Matthiole* : Pietro Andrea Mattioli (1500-1577), médecin et botaniste italien, auteur d'un commentaire de Dioscoride, lui-même botaniste et pharmacologue grec (1er s. ap. J.-C.).

2. *En mon logis* : nouvelle allusion au cabinet de curiosités de Paré.

CHAP. XXXVII
DES MONSTRES CÉLESTES

Page 222.

1. Sur *Boaistuau* et *Lycosthènes*, voir p. 45, n. 2 et p. 46, n. 1.

2. *En Westrie* : Westrich, région située aux confins de la France et de l'Allemagne, répartie aujourd'hui sur les territoires de la Sarre, de l'Alsace, de la Lorraine et du Palatinat. — Ce phénomène céleste, dit parfois « comète d'Ambroise Paré », a été raconté et illustré à plusieurs reprises, à travers le xvie siècle, jusque dans des canards, ou feuilles volantes (voir la Préface, p. 26-27).

Page 223.

1. Flavius Josèphe, historien juif (ier s. ap. J.-C.), auteur notamment de la *Guerre des Juifs*, où il relate la prise de Jérusalem par Titus (70 après J.-C.). — Eusèbe de Césarée (fin du iiie - début du ive s. ap. J.-C.) est l'auteur d'une *Histoire ecclésiastique*.

Page 224.

1. Le poète latin Claudien (fin du ive s. ap. J.-C.) est l'auteur, entre autres, d'un *De bello gothico* où l'on trouve ce passage (v. 259).

Page 225.

1. La suite est largement empruntée à Simon Goulart (1543-1628) dans son commentaire, alors tout récent (1583), du poème de Du Bartas *La Semaine*, dont on retrouve le lyrisme et le style fleuri dans la prose de Paré.

Page 227.

1. *Postillon continuel* : voir Du Bartas, *La Semaine*, Quatrième jour, v. 507-510.

Page 228.

1. Comprendre : « conjonctions de mouvements contraires ».

2. Après trois autorités antiques canoniques, Paré cite Jacob Milich, médecin et mathématicien allemand (1501-1559), auteur d'un commentaire du IIe livre de l'*Histoire naturelle* de Pline, sur la cosmologie, puis Jérôme Cardan, qui a commenté Ptolémée. On remarquera, dans cette liste comme dans les pages qui précèdent, l'absence de toute référence à Copernic (1473-1543), dont le *De revolutionibus orbium celestium* (*Des révolutions des orbes célestes*), démontrant l'héliocentrisme, avait paru en 1543. L'astronomie exposée dans ce chapitre, fondée sur Du Bartas et Goulart, est très conservatrice.

Page 229.

1. Paré cite deux extraits des Psaumes dans la traduction en vers de Clément Marot (1496-1544), avec quelques écarts sans conséquence. Les quarante-neuf psaumes paraphrasés par Marot ont été mis en musique et incorporés, après sa mort, au *Psautier huguenot*, le recueil de cantiques utilisé dans le culte réformé et devenu pour les protestants un signe de ralliement. Le choix de cette traduction témoigne, de la part d'un Paré resté catholique, d'une grande liberté et d'une étonnante tolérance (voir la Préface, p. 13).

2. *En Sugolie* : Paré copie les erreurs de Boaistuau ; il s'agit de la région du Sundgau, qui n'est pas en Hongrie mais en Alsace, entre Mulhouse et Belfort. Le phénomène en question, la chute de la météorite d'Ensisheim (1492 et non 1514), est bien connu.

Page 230.

1. *En Lusalie* : la Lusatia est une région située de part et d'autre de la frontière germano-polonaise, au sud de Berlin. On y trouve une ville nommée Lübben.

2. Il s'agit de 458 av. J.-C. Sur le traité de Julius Obsequens, *Prodigiorum liber* (*Livre des prodiges*) (IVe s. après J.-C.), voir p. 46, n. 1.

CHAP. XXXVIII

Page 232.

1. Abraham Ortelius (1527-1598), géographe d'Anvers, est l'auteur d'un *Theatrum orbis terrarum* (*Théâtre de l'univers*) (1570), dont Paré a utilisé la traduction française (1583).

2. Quelle que soit la longueur exacte de la lieue d'Italie, variable, l'indication de Paré est invraisemblable.

3. *Facellus* : Tommaso Fazello (1498-1570), historien et antiquaire, auteur de *De rebus Siculis duae decades* (*Deux décades* [deux fois dix chapitres] *sur l'histoire de la Sicile*) (1558), est la source d'Ortelius, lui-même suivi par Paré.

Page 235.

1. *Ses* : lire plutôt « ces ».

2. Anvers, où écrit Ortelius, dont Paré transcrit le texte.

3. *Quinsay* : Marco Polo décrit cette ville, considérée comme la plus vaste et la plus belle du monde, aujourd'hui Hangzhou, au sud-ouest de Shanghai.

4. *L'interprète de Saluste du Bartas* : Paré emprunte en effet ce paragraphe (dont on s'explique mal la présence ici) à Simon Goulart, le commentateur de *La Semaine*.

5. Lucio Maggio, *Del terremoto* (*Du tremblement de terre*) (1571).

Page 236.

1. Sur l'usage des psaumes de Marot, voir p. 229, n. 1.

DES MONSTRES ET PRODIGES

Table   275

DOSSIER

COLLECTION FOLIO

Dernières parutions

Composition Rosa Beaumont
Impression Maury Imprimeur
45330 Malesherbes
le 3 octobre 2015.
Dépôt légal : octobre 2015.
Numéro d'imprimeur : 201395.

ISBN 978-2-07-045246-0. / Imprimé en France.